E xcellent

T ourism

A nd

D evelopment

i n 2020

Collection of Excellent Culture and Tourism Development plans of Yunnan in 2020

2020云南文化和旅游规划设计优秀成果集

云南省旅游规划设计协会
云南省旅游规划研究院　编

中国旅游出版社

《2020云南文化和旅游规划设计优秀成果集》编委会

前　言

近年来，在云南省委、省政府的安排部署下，云南文化和旅游工作者奋力推动“整治乱象、智慧旅游、提升品质”旅游革命“三部曲”，着力实施“大滇西旅游环线”和“半山酒店”规划建设，奋力推动文旅新产品、新业态发展，努力将云南文旅产业推进到新阶段与新高度。在这其中，云南文化和旅游规划设计为产业发展做出了重要贡献，提供了重要的智力支撑。

为进一步提升云南文化和旅游规划设计专业水平，发挥优秀文化和旅游规划设计项目的示范引领作用，由云南文化和旅游厅指导，云南省旅游规划研究院承办，云南省旅游规划设计协会协办，共同组织了2020云南文化和旅游规划设计优秀成果评选活动。此次优秀成果评选活动共收到规划设计成果84份。活动组委会通过组织专家小组评审、综合评审等程序，最终评选出2020云南文化和旅游规划设计优秀成果项目34份（获奖名单附后）。

此次活动呈现出以下几个特点：

一是参与范围广。此次优秀成果评选活动共收到申报规划设计成果84份，涉及39家省内外规划设计单位，成果内容范围涵盖云南全省16州市及众多县市区。

二是参与积极性高。活动共有39家省内外规划设计单位、150余人次规划设计人员、24位专家参与评审，进一步加强了规划设计工作者、专家学者、政府主管部门人员等之间的交流。

三是项目类型丰富。活动中涌现出全域旅游规划、旅游区规划、特色小镇规划、营地规划、文化生态保护区规划、旅游策划、文旅融合发展规划等多种类型的规划设计成果。

四是规划方法技术有所创新。随着新时代旅游消费市场的变化，乡村振兴、文旅融合、国土空间规划等政策的变革，以及“主客共享”“全域旅游”“智慧旅游”等发展理念进一步深入人心，文化和旅游规划设计的理念、方法、技术进一步更新。在申报成果中，多个项目从规划方法上，由感性认识向以数据为基础的理性分析转变；从规划内容上，由空间、项目安排向社会、文化、经济、环境保护统筹协调转变。

为了让优秀规划设计成果起到更大的示范作用，云南省旅游规划研究院组织获奖项目团队主创人员对项目案例进行汇编，形成《2020云南文化和旅游规划设计优秀成果集》。汇编工作不仅对获奖项目案例内容进行了凝练，更注重规划主创团队对项目的思考与问题解决的过程，从中挖掘思想的精华，以期为广大旅游规划设计者及有关从业者提供借鉴。

由于主客观原因，疏漏之处在所难免，敬请广大读者批评指正，在此表示感谢。

编　者

2021年5月

目 录

A 总体规划篇

B 旅游区规划篇

C 旅游策划篇

D 特色小镇规划篇

E 乡村旅游规划篇

F 旅游项目设计与文化规划篇

总体规划篇

本篇共收录了四个规划项目。《丽江古城特色城镇发展总体规划》围绕旅游业发展相对成熟的丽江古城如何进行转型升级提出规划思考；《西双版纳世界旅游名城发展总体规划》在如何创建打造西双版纳世界旅游名城上提出了规划策略；《大理市旅游总体规划（2020—2035 ）》在立足大理洱海生态保护，践行生态文明旅游以及如何衔接国土空间规划，推动规划落地方面进行了探索与实践；《维西县全域旅游发展规划》按照全域旅游发展思路进行了规划编制。本次成果集将上述类型规划放在一起进行编撰，以进行类比。

本篇编录的规划项目有：

丽江古城特色城镇发展总体规划

西双版纳世界旅游名城发展总体规划（2019—2035）

大理市旅游总体规划（2020—2035）

维西县全域旅游发展规划（2018—2030）

丽江古城特色城镇发展总体规划

一 规划背景

(一) 基本情况

1996 年，丽江经受住“2·3”大地震的考验，并抓住机遇，经过三年恢复重建，由云南改革开放的末端走向前沿，成为中国西部极具发展活力的少数民族地区之一。

1997 年 12 月 4 日，丽江古城申报世界文化遗产获得成功，填补了中国历史文化名城中尚无文化遗产的空白。随之而来的是，到访丽江的游客大幅增加，丽江的旅游经济得以空前发展。

时至今日，丽江古城的旅游开发已经进行了 20 年。这 20 年间，当地经济收入有了显著的提高，但伴随而来的是因过度商业开发带来的旅游乱象、安全隐患、文化流失等问题。2015 年、2017 年丽江古城遭到国家旅游局两次警告。丽江古城过度商业化问题的原因是什么？又该如何实现可持续发展？这是丽江古城必须面对并亟待解决的问题。

(二) 历史机遇

2017 年 6 月 15 日，云南省特色小镇发展领导小组办公室公布了《云南省特色小镇创建名单》，丽江古城被列为五个创建国际水平的特色城镇之首。这为现阶段丽江古城解决问题、扭转困境、实现变革及转型发展提供了一次难得的历史机遇。

世界文化遗产丽江古城由大研古城（含黑龙潭）、白沙民居建筑群、束河民居建筑群三部分组成。本次规划将在大研古城内合理划定一定区域，作为创建特色小镇的范围。在规划中我们重点分析现在存在的问题，提出规划目标、找准定位、找出差距、制定相应的提升措施。通过本次规划工作，我们深入挖掘大研古城内涵，凸显古城特色，拟创建形成文化一流、设施一流、服务一流、管理一流、访客一流的具有国际水平的特色城镇（见图 1）。

二 规划思路

(一) 技术框架

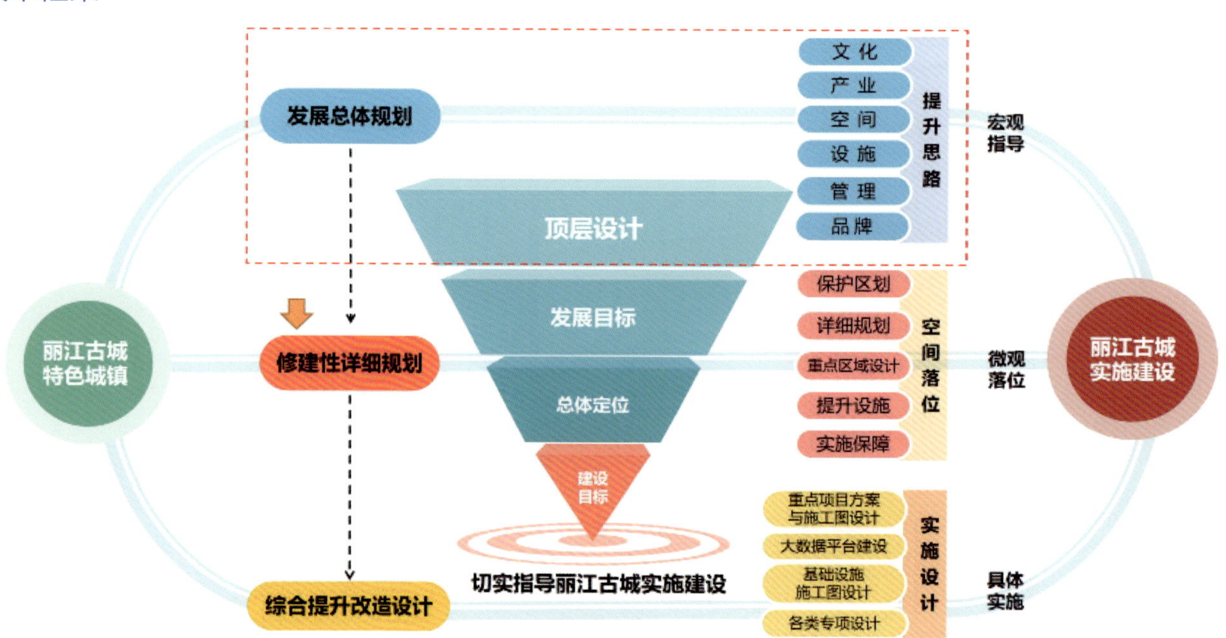

图 1 丽江古城规划技术框架

(二) 独特性分析

丽江古城被列为国际水平特色城镇之首，是因其本身具有一些特殊性，与其他特色城镇有较大差别（丽江古城特色鸟瞰效果图见图 2）。

1. 起点不同

丽江古城属世界级文化旅游资源，头顶三大桂冠，已经站在了国际舞台之上，其地位远超其他城镇。

2. 目标不同

丽江古城为提升发展型城镇。丽江古城是五个国际水平的特色城镇之首，

■ 图 2 丽江古城特色城镇鸟瞰效果图

开发早、发展较成熟，且国际化基础好、国际知名度高，所以不局限于国际水平，其目标是创建"国际一流特色小镇"，在国际知名基础上，再次激活产业活力，重塑旅游品牌，重回国际舞台前沿，绽放光芒。

其他小镇多为拔高型，重点是培育特色产业，建立市场基础。其他特色小镇创建目标为国际水平、国内一流、省内一流，多是创立新品牌，相当于"一张白纸"，工作重点在于如何拔高至目标水平，而丽江古城的工作则相当于在一张精美的画上进行修改提升。

3. 方向不同

丽江古城为内涵式发展，内涵式发展就是要不断挖掘古城内涵，突出重点，走内敛发展的路子。工作重心应聚焦大研古城，以"保护提升"促发展。其他小镇多为外延式发展，铺开范围全面以"建设开发"促发展。

4. 途径不同

(1) 丽江古城。

创建范围：划定一个范围，聚焦大研古城，集中精力，统一发展。

创建目的：以解决问题、转型升级为目的的整体提质增效为创建目的。

产业选择：转型升级，提升产业价值。

投资主体以政府为主导的建设提升，以企业化、市场化的运营管理，融合市场资本。

(2) 其他小镇。

创建范围：包括核心范围、规划范围、辐射范围三个范围。

创建目的：以经济发展为目的的产业带动城镇发展的模式。

产业选择：培育孵化，逐步做大、做强。

投资主体：以企业为主导的投资建设，政府提供相应的支持。

(三) 总体定位

以遗产地保护为前提，以当地民族文化为内涵，以精品旅游与文化创意产业为驱动，把丽江古城打造成全国民族团结进步示范城、世界遗产保护模范城、国际一流特色城镇、世界级特色旅游景区（丽江古城特色城镇土地利用规划图如图 3 所示）。

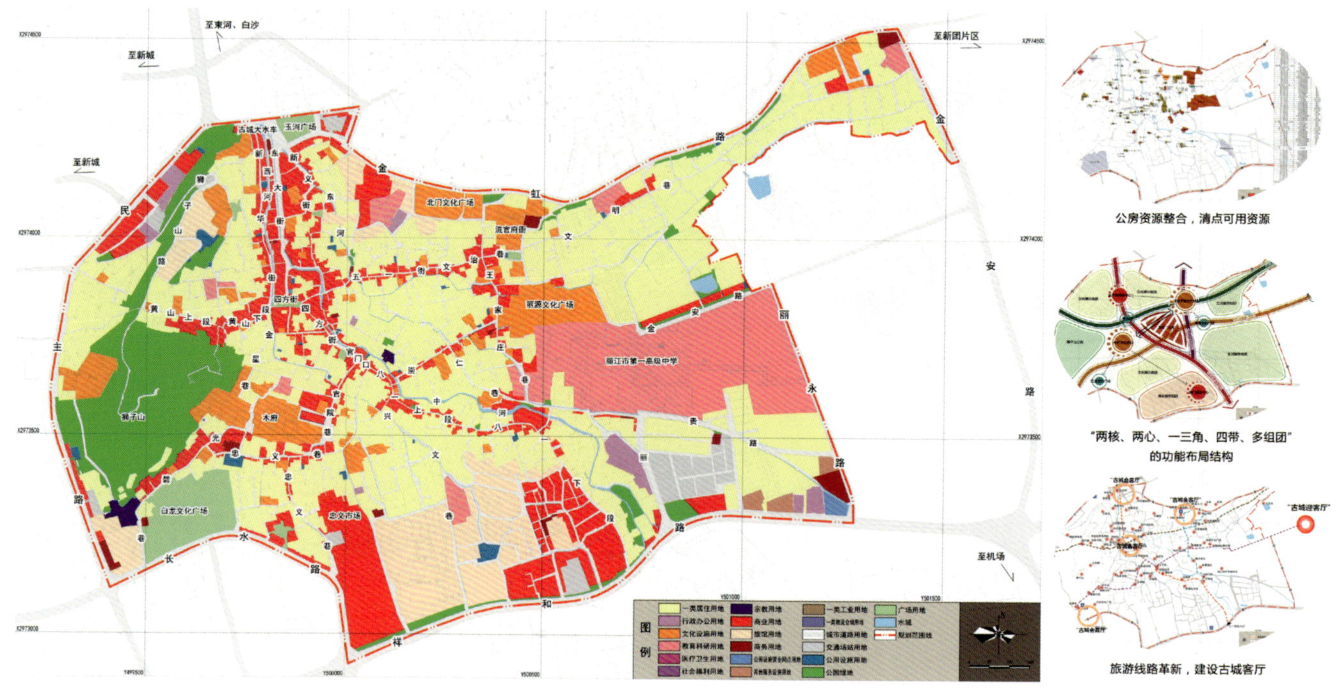

■ 图 3 丽江古城特色城镇土地利用规划图

(四) 分项定位

1. 产业定位——“精品旅游，文创基地”

文化旅游的体验地、文化产品的研发地、文化商品的集散地、文化人才的聚集地、文化艺术的展示地。

2. 形象定位——“世遗典范，文化名城”

着力打造世界文化遗产保护与发展的典范，建设国际水平的文化创意产业聚集地。

3. 风貌定位——“文遗范，丽江韵，纳西味”

文遗范：世界遗产之光、古城保护典范、国际文化品牌；

丽江韵：山城水乡格局、休闲人文环境、和谐宜居社区；

纳西味：精彩东巴文化、地域建筑风格、原生纳西民俗。

4. 市场定位——“柔软时光，梦幻丽江”

丽江的精髓在古城，古城的精髓在大研，世界上很多人民向往丽江，希望融入古城的慢生活中。要将大研古城打造成世界文化遗产保护与发展的典范，建设成具有国际水平的文化创意产业聚集地。

5. 品牌定位——“世界知名，国际引领”

培育立足于世界的民族品牌，参与历史、人文、学术、文化、时尚等方面的国际化交流，成为引领国际前沿动态的风向标。

(五) 顶层设计

“民族文创，世界大研”			
文化特征		智慧特征	国际特征
原生性文化	创新性文化	小城镇，大智慧	国际一流，享誉世界
传统文化传承 历史文化挖掘 民俗文化体验 地域文化传播	高端文化产业 文创产业培育 文化内涵建设 多元文化交融	设施智能化 数据平台化 管理网格化	培育民族国际品牌 参与国际话题 吸引国际名人 提高国际旅游影响力

三 规划内容

（一）文化内涵提升

1. 守其“根”，让文化遗产“留”下来

（1）加强遗产地保护：保护城镇的空间格局、水系、街巷空间、文物保护单位、传统院落等，对古城的高度、风貌、视线等进行严格控制。

（2）修缮文物古迹及保护建筑 ：恢复 “一城两府” 的特色历史格局，修缮及提升 “一府、一院、一所、两楼、一宫、四寺、一堂、多院”等文物古迹及历史建筑的文化展示功能。

（3）增加文化展示场所：增加“一府、四馆、两场、多院”的文化展示场所。

（4）加强纳西文化传统习俗：加强文化基础建设，恢复民族民俗活动 ；加强教育，提高广大人群的认识。

2. 赋其“魂”，让文化遗产“活”起来

（1）保护和传承地方文化：打造博物馆群，传承和发扬历史文化、纳西文化、红色文化、民俗文化以及宗教文化，将呈“多点”分布的博物馆群有机串联起来，形成展示丽江文化的“大博物馆”。广泛收集博物馆历史、人物、相关歌曲、书籍、绘画等方面的资料，组织文化活动，丰富博物馆群文化内容。规划名人文化之旅，发挥文化名人效应。

（2）净化文化环境：提高文化准入门槛，清理低俗文化广告、门牌和不良业态产品，净化文化环境，营造“书香古城”，建设古城文化交流中心。

（3）融入创新文化：增加古城新动能，积极发展高端文化产业，引入高端文化产业公司，为古城量身打造文化产品。

（二）产业转型升级

推动文化与旅游深度融合，通过“腾笼换鸟”来实现产业的转型升级，建立综合大数据平台来维护产业健康，实现可持续发展（丽江古城各类文化展示场所布局如图 4 所示）。

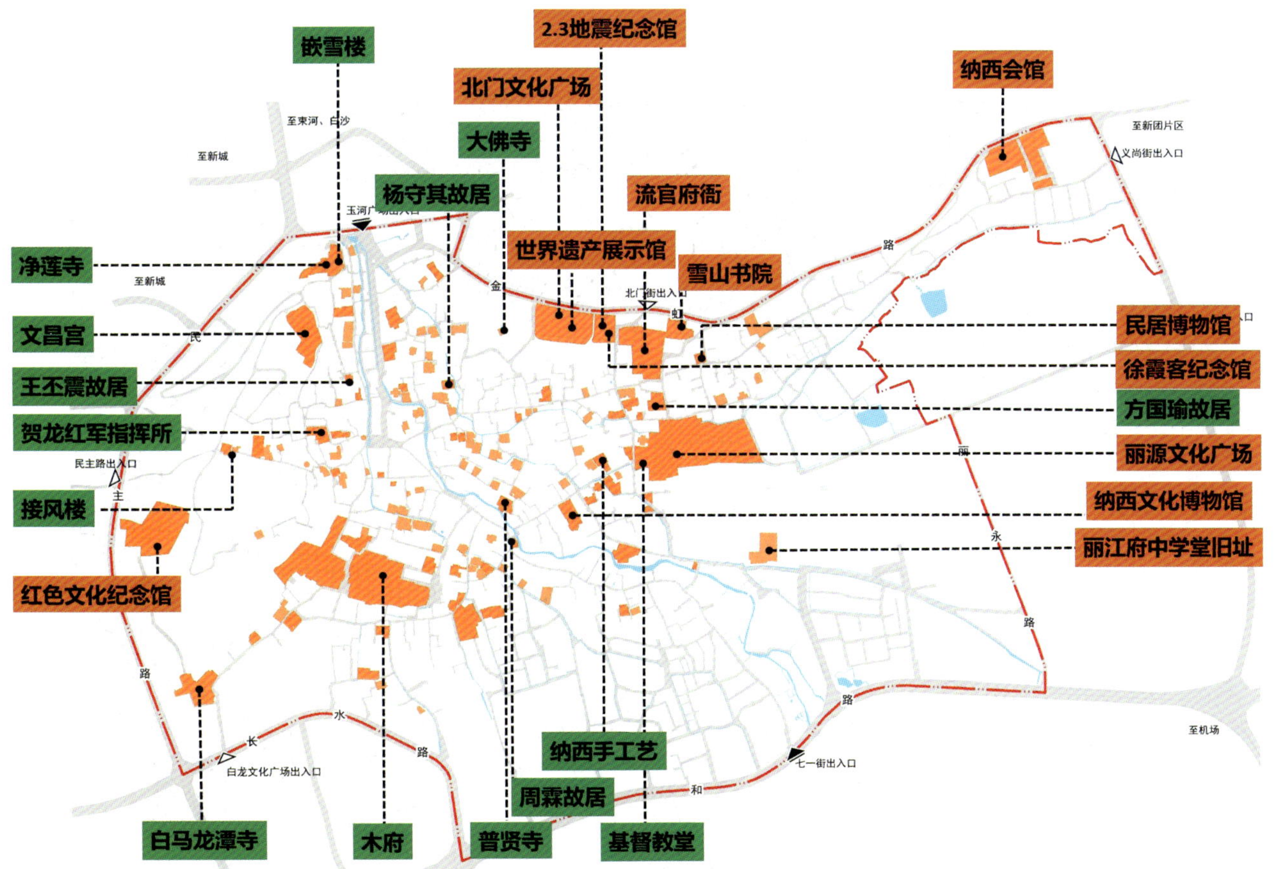

图 4 丽江古城各类文化展示场所布局

1. 腾“笼”：淘汰一批，清点一批

淘汰低劣业态，清理业态空间；清点公共资源，腾出置换空间；对公房资源进行整合利用，打造文化院落，形成文化引擎。

2. 换“鸟”：梳理一批，培育一批

以丽江古城经营项目准入证为抓手，构建业态清单，形成约束机制；培育一批最具本土特色、食住游购娱全覆盖、文化渗透到骨髓、创新富有朝气、世界一流的产业。

3. 综合管控平台

规划采取“政府干预 + 市场规则”的综合管控模式。建立古城范围内商家的综合数据平台，对商家经营效益、文化创新、环境影响、信用信息、游客评价等方面进行考核，综合评分。规范市场规则，维护产业健康。

(三) 空间组织革新

1.“街—坊—里—院 ”的空间组织革新（见图 5）。打破原有“街—巷”为主的格局，引导以“街—坊—里—院” 的空间布局革新，形成有效的网格式管理单元，适合多层次开发主体灵活投资运营，将游客内引疏散到“坊—里—院”等面状单元里，有效缓解游客集聚度，提升游客的体验感。

2. 形成 “两核两心一‘三角’、四点四带多组团”的整体功能结构。

3. 创新 “11 条个性街道 +9 大主题坊里 + 若干特色院落”的功能组合方式。

4. 优化旅游线路，打通 “ 两纵两横”四条旅游线路，打造古城文化慢行环线；建设 1 个“古城迎客厅”，4 个“古城会客厅”。

(四) 管理体系优化

1. 企业化管理

细化政府、企业、社区的职能分工，形成 “遗产保护管理—景区服务管理—社区居民管理”三位一体的综合管理模式，引入高端管理团队与管理人才。

2. 制度化管理

建立完善综合监管机制，提升推广“1+5+N+1”的监管模式。强化行业自律，实行“红黑名单”制。实行鼓励类、限制类、禁止类清单管理激励约束机制。创新监管手段；实行河长制、巷长制；实行片区负责制和网格化管理。将行政事业性收费改为经营性门票收费。

3. 智能化管理

整合数据库，构建多层级的大数据平台；加强和大数据公司的深度合作，打造丽江智慧旅游信息查询平台。

4. 监督与运营

建立市区联动、扁平化管理机制；成立第三方价格监督委员会和服务质量监督委员会；设置“光荣榜”和“曝光台”等。

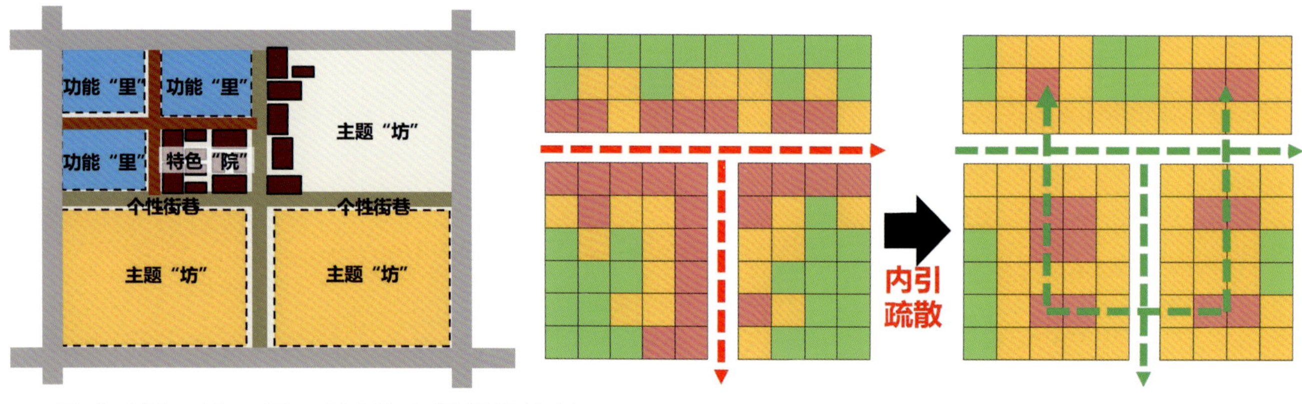

图 5 “街—坊—里—院”的空间组织革新

（五）品牌文化营销

（1）发挥民间文化团体力量，提升文化热度；
（2）登上国际舞台，促进纳西文化的传播；
（3）参与影视制作、娱乐节目，提升话题热度；
（4）举办活动，加强交流，打造新的旅游吸引点；
（5）提升旅游品质与口碑，重塑旅游市场信心。

丽江古城各类活动策划如表 1 所示。

■ 表 1 丽江古城各类活动策划表

活动类别	国际影响	全国影响	一般影响
文娱类	世界象形文字论坛	央视春节联欢晚会分会场	民俗电影展
		民族服饰设计大赛	古城真人秀
	纳西古乐会	《千面丽江》纪录片	书法绘画摄影展
		印象丽江民族文艺表演	古城故事会
	纳西课堂	非物质文化遗产展销会	微电影节
		——————	古城民谣之夜
科研类	世界遗产论坛	院士专家丽江行	微观丽江
商务类	国际旅游论坛	企业家年会	纳西商会
网络类	——————	舌尖上的丽江	丽江寻宝活动

四 实施情况

在《丽江古城特色城镇发展总体规划》的指导下，丽江深入开展常态化古城整治，加强遗产保护，提升文化内涵，深化管理体制改革，全面推动丽江旅游转型升级，提质增效。2018 年旅游产业迎来暖春，旅游投诉下降 43.48%，旅游人数同比增加 13%，旅游业总收入同比增加 20%，游客正面评价指数持续上升。2020 年 7 月 8 日，《人民日报》头版点赞丽江"在危机中育新机"！

目前丽江古城已完成特色城镇创建工作，博物馆群、文化院落等项目正在陆续实施。世界期待丽江古城的华丽转身！

西双版纳世界旅游名城发展总体规划（2019—2035）

一 世界旅游名城：时代的呼唤

世界旅游名城是指经济社会发达，旅游资源丰富，资源品位高，具有超国界吸引力，城市综合环境优美，旅游设施配套完善，旅游产业发达并成为城市主要支柱产业，国际国内游客数量众多，在世界上具有较高知名度和美誉度的国际性城市。

其核心是把“建设以城市整体为核心吸引力的面向全球客源市场的旅游目的地城市”作为城市建设发展的战略目标，强调国际视野下旅游产业和城市整体的协调发展。近年来，中国入境旅游出现了一种下滑的趋势，这不无旅游城市发展水平滞后方面的原因。因此，建设世界旅游名城，是提高中国旅游国际影响力，促进传统旅游城市跨越式发展，适应国民高质量休闲度假需求的必然要求。

跨入 21 世纪以来，国内城市黄山、杭州、西安、泉州、青岛、桂林、三亚、厦门、苏州、泰安等数十个城市相继提出以“国际旅游城市”或“国际旅游名城”为城市发展战略目标。《中共中央关于制定国民经济和社会发展第十四个五年规划和二 0 三五年远景目标的建议》中也明确提出要“打造一批文化特色鲜明的国家级旅游休闲城市和街区”，这意味着未来一个时期，我国旅游名城建设进程必将进入加速期，世界旅游名城创建的顶层规划和路径设计具有极为重要的现实指导意义。

二 西双版纳：开启跨越发展的新征程

西双版纳作为重要的旅游目的地，有着一流的旅游资源，民族、茶、宗教、边城四大文化相互交融，构成具有国际旅游市场吸引力的特色文化矩阵，稀缺的热带雨林生态环境，也是世界级的资源依托，目前在旅游市场上已经形成了以自然生态、民族文化为代表的一系列具有市场号召力的旅游产品。

但受到景区老化、模式陈旧等因素的制约，产品仍停留在观光时代，即强资源、弱产品，供需不平衡。随着东南亚旅游热度的上升，滇西北休闲游崛起，西双版纳旅游面临内外竞争，同时受交通条件、城市服务、市场营销限制，国际旅游市场拓展步伐缓慢。

2018 年 5 月，云南省政府从中国特色社会主义进入新时代的历史广度，从贯彻落实习近平总书记对云南“三个定位”及云南省委、省政府关于打造世界一流的“绿色能源”“绿色食品”“健康生活目的地”的“三张牌”决策部署战略深度，以全球的视野和国际眼光，帮助西双版纳深化了对生态、区位、资源、民族文化等州情的认识，提出了把西双版纳建设成世界旅游名城的工作目标。这是对西双版纳实现跨越发展的新定位，是西双版纳贯彻落实习近平新时代中国特色社会主义思想、党的十九大精神和省委、省政府一系列决策部署的重要抓手，是西双版纳争创国内一流、国际知名旅游城市的新要求。

三 创新规划：系统设计与问题导向相结合的解决方案

本规划旨在落实国家及云南省委的战略部署，以促进西双版纳旅游可持续发展和社会经济结构转型升级，建设宜居宜游的国际化、现代化旅游城市为规划目标，探索建立中国民族文化传承发扬示范模式。因此，在顶层指导上，我们确立了五大规划原则：绿色生态原则，促进旅游资源可持续发展；文化为魂原则，强调多元文化传承与保护；区域龙头原则，强化集散中心地位；旅居共享原则，倡导城旅共建与共融；国际水准原则，立足世界旅游市场标准。

（一）系统设计：重点突出的四大支撑平台设计

本规划立足西双版纳社会、经济以及旅游产业等多方面现状，重点围绕西双版纳的少数民族文化、旅游产品业态、边境旅游发展、城市旅游服务四个方面进行重点突破，确定了“以文知名、以旅知名、以边知名、以城知名”的世界旅游名城建设的战略方向，构建以“文、旅、边、城”为核心的四大战略支撑平台。

1. 以文化旅游融合平台为支撑，建设国家级文化生态保护区

西双版纳多民族文化的传承、保留与展示，是世界旅游名城建设的重要路径，强化了文化在名城建设中的地位，发挥了其促旅发展的作用，同时注重旅游对文化的展示作用，促进了文旅全面融合，实现了以文促旅，以旅彰文，探索建设以傣文化为核心的国家级文化生态保护区。

2. 以传统旅游创新平台为支撑，建设国家级旅游综合改革试验区（示范区）

立足当下旅游市场需求，面向国际，瞄准未来旅游市场形势，以全域旅游、乡村旅游、智慧旅游等趋势为背景，创新产品开发、升级发展理念，全面推动西双版纳传统旅游产品提质升级，优化旅游市场供给结构。

3. 以边境旅游发展平台为支撑，建设国家级边境旅游试验区

以西双版纳区位优势为依托，探索边境旅游、跨境旅游发展的方式、方法，努力与周边国家地区达成更高层次、全面深入的旅游经济合作，积极争取相关政策支持，开发边境旅游、跨境旅游新产品、新业态及新线路。

4. 以城市旅游服务平台为支撑，建设国家可持续发展议程创新示范区

以世界旅游名城建设为目标，坚持绿色生态，坚持可持续发展，积极推动科技创新与城市发展的深度融合，探索符合国际潮流同时具有中国特色的可持续发展之路。

（二）实施路径：问题导向的八大实施策略制定

1. 强化中心地位

发挥西双版纳的区域辐射带动能力，打造东南亚区域旅游合作中心城市。积极响应国家“一带一路”倡议，强化与周边国家地区的旅游合作，进一步提升西双版纳在次区域旅游合作中的地位，力争建设第二层级的澜湄次区域旅游经济合作中心城市。

2. 发挥边境优势

探索边境开放开发，强化六国交流联动，建设“一带一路”东南亚跨境旅游集散城市。深化与“一带一路”国内城市及沿线国家在跨境旅游、边境贸易、商贸物流等方面的合作。完善联通东南亚地区的航空、铁路、公路、河道航运等交通基础设施，以通关口岸边境旅游发展为抓手，加强跨境旅游模式探索、政策研究、职能管理、信息平台一体化建设。

3. 培育文化活力

文化搭台，旅游唱戏，建设多元、开放、富有活力的民族风情城市。新时代背景下，文化要素将在西双版纳建设世界旅游名城进程中担重任，通过将城市建设、旅游产业发展与文化紧密结合，构建从创意、生产到营销落地的文化产业全链条，形成西双版纳强大的文化号召力、辐射力和影响力。

4. 发展生态度假

依托热带雨林生态，建设环境友好的雨林避寒旅游度假目的地。坚持保护生态环境、发展生态经济、弘扬生态文化的生态文明建设思路，严守生态保护底线。审慎把握旅游开发节奏，鼓励自驾营地、生态民宿、节庆美食、文创商品等轻资产旅游体验产品率先发展，引导游客向村寨流动、旅游向乡村发展，提升现有旅游产业效益，做好旅游存量提升，避免一哄而上、大干快上。推进生态文明试验区、示范区建设，加强风景名胜区、森林公园、自然保护区的保护与管理，维护和修复热带雨林生态系统，争取申报联合国旅游可持续发展示范城市。

5. 打造全域宜居

完善区域交通，强化城镇沟通，完善村寨功能，建设便捷宜居城市。需要加快推进综合交通基础提升，优化交通疏解，提升城市交通便捷度，强化城乡沟通、引领新型城镇化建设。重点构建陆、水、空多维空间综合交通网络，建设为面向东南亚的重要交通枢纽；构建景洪市域一体化综合交通体系，提升中心城区综合交通服务能力；推动城市公共服务设施建设，提升城市公共服务能力。建成一个便捷并与国际接轨的现代化宜居城市。

6. 建设智慧城市

提升旅游城市形象，完善城市服务功能，建设国际化智慧城市。按照国际通行惯例和标准全方位推动城市形象塑造、城市服务功能完善、智慧城市建设，重点统筹进行城市形象设计，突出“傣乡水城”形象，塑造国际化旅游城市品牌；有序推动城市智慧化建设，实现城市建设与管理的国际化接轨；全面提升旅游要素与配套服务，构建与世界旅游名城匹配的服务体验。

西双版纳空间布局规划如图 1 所示。

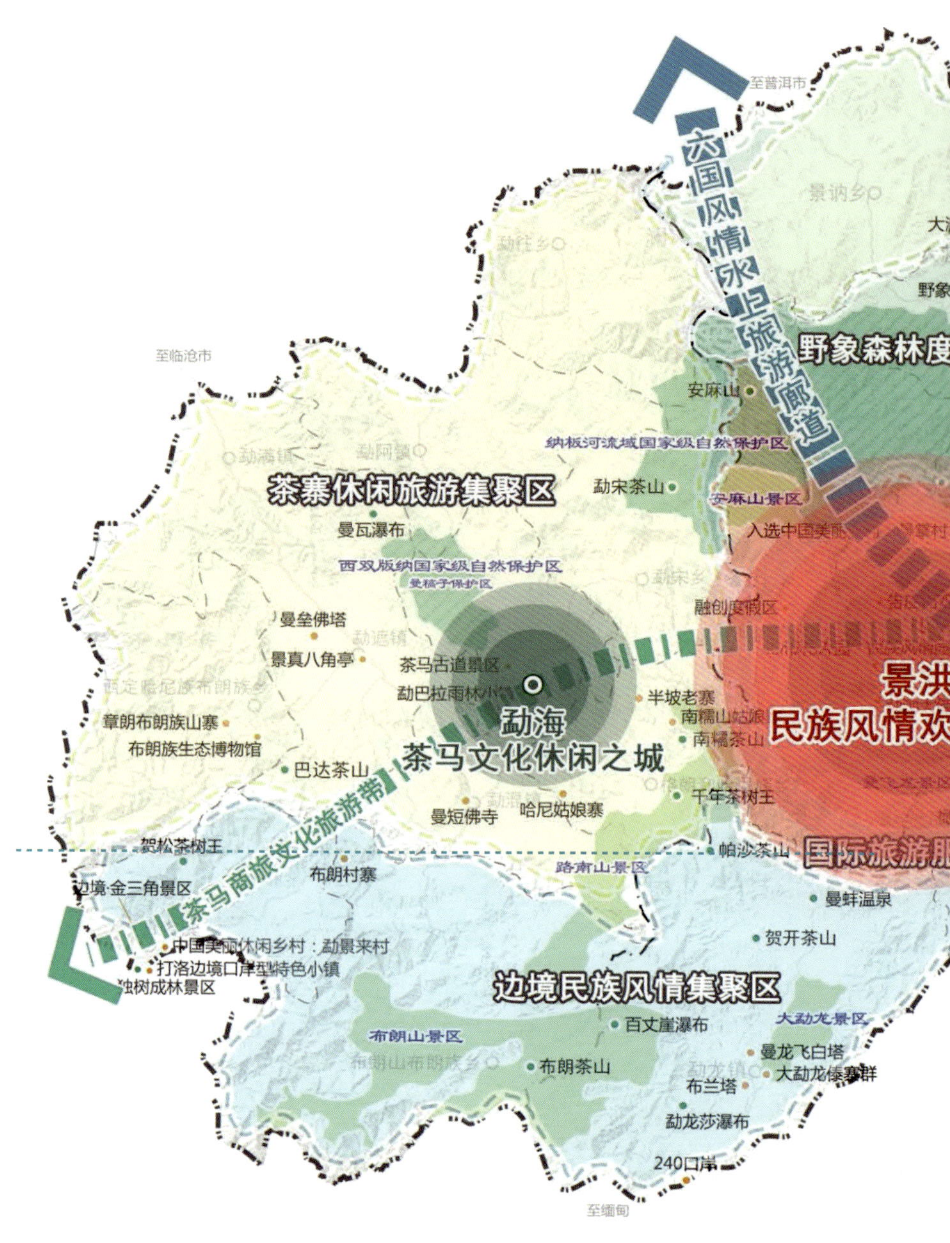

三城：景洪民族风情欢乐之城、勐海茶马文化休闲之城、勐腊边境旅游生态之城

建设世界旅游名城的核心功能载体、引领西双版纳州整体发展的主中心

一廊：六国风情水上旅游廊道

整合澜沧江（西双版纳段）沿江的生态资源、文化资源、村镇资源，以沿线港口码头、旅游航运、物流园区、港口互联互通建设为切入点，以旅游度假、滨江休闲、物流产业为支撑，推动一江邻六国的旅游合作，形成沿江现代服务业产业带。

三带：茶马商旅文化旅游带、森林田园度假旅游带、边境风情生态旅游带

八区：国际旅游服务集聚区、田园康体旅游集聚区、野象森林度假集聚区、贡茶文化体验集聚区
雨林度假旅游集聚区、边境风情旅游集聚区、边境民族风情集聚区、茶寨休闲旅游集聚区

■ 图 1 西双版纳空间布局规划

7. 优化产业结构

提质存量，优化增量，弱化土地依赖，优化产业结构，建设文旅产业主导城市。要求西双版纳在自然生态的保护与利用之间达到可持续的平衡，在旅游的发展水平与本地居民的幸福度之间达到和谐的状态。明确西双版纳不能走"房地产开发式"主导的旅游发展之路，需要严防"地产化"，避免房地产大量开发对城市空间的侵占以及对本地社会的严重冲击。而要在现有旅游产业的发展基础上进行提质增效、转型升级，作为西双版纳建设世界旅游名城的重要任务。

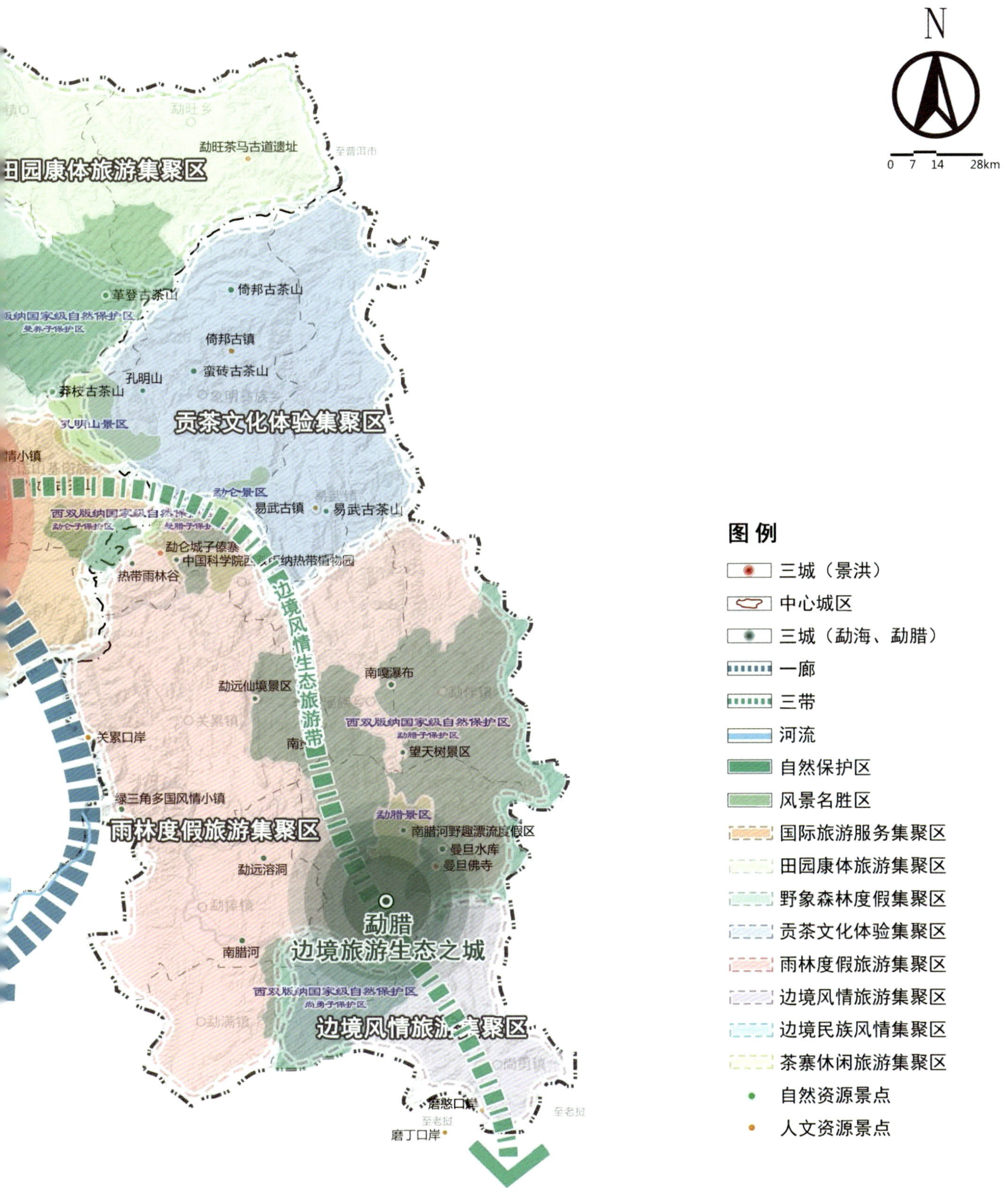
N
0 7 14 28km
勐旺乡
勐旺茶马古道遗址
至普洱市
田园康体旅游集聚区
倚邦古茶山
革登古茶山
西双版纳国家级自然保护区
曼稿子保护区
倚邦古镇
孔明山
蛮砖古茶山
莽枝古茶山
孔明山景区
贡茶文化体验集聚区
勐仑景区
易武古镇
易武古茶山
西双版纳国家级自然保护区
勐仑子保护区
勐腊子保护区
勐仑城子傣寨
中国科学院西双版纳热带植物园
热带雨林谷
边境风情生态旅游带
南嘎瀑布
勐远仙境景区
西双版纳国家级自然保护区
勐腊子保护区
关累口岸
望天树景区
绿三角多国风情小镇
雨林度假旅游集聚区
勐腊景区
南腊河野趣漂流度假区
曼旦水库
曼旦佛寺
勐远溶洞
勐腊
边境旅游生态之城
南腊河
西双版纳国家级自然保护区
尚勇子保护区
边境风情旅游集聚区
磨憨口岸
至老挝
磨丁口岸
图例
三城（景洪）
中心城区
三城（勐海、勐腊）
一廊
三带
河流
自然保护区
风景名胜区
国际旅游服务集聚区
田园康体旅游集聚区
野象森林度假集聚区
贡茶文化体验集聚区
雨林度假旅游集聚区
边境风情旅游集聚区
边境民族风情集聚区
茶寨休闲旅游集聚区
自然资源景点
人文资源景点

8. 统筹城乡发展

全州全域一盘棋，以州视城，全域推进城乡一体化进程。建设世界旅游名城是西双版纳推进旅游改革发展、转型提质、创新突破的关键举措，同时世界旅游名城的“城”不仅仅是景洪城区，还包含“一市两县”的西双版纳全州。以全州的视角对待世界旅游名城建设，按照旅游活动全域化、旅游空间全景化、旅游监管全覆盖、旅游社区全参与、旅游成果共分享的工作要求，全州全域一盘棋，构建“一廊、三城、三带、八区”的发展空间结构，推动全域一体化，注重乡村振兴，促进城乡统筹发展，全面实现全域旅游稳步发展。

（三）工作抓手：软硬并重的百大项目推进指引

1. 升级国际化文化节事活动。重点包括：东南亚澜湄次区域旅游经济合作会议、东南亚“六国十二方”经济合作联盟会议、五城跨境文化旅游联盟会议三大国际顶级会议；西双版纳国际泼水节、澜沧江·湄公河流域国家文化艺术节、勐腊易武国际贡茶文化节、勐海国际茶王节、西双版纳水灯节、西双版纳国际民族合唱节六大民族文化节庆演艺活动；亚太地区商学院热带雨林挑战赛暨大渡岗万亩茶园越野赛、中国·西双版纳澜沧江国际公开水域游泳抢渡赛、西双版纳国际马拉松等三大国际体育赛事。

2. 提质旅游产品项目体系开发。坚持“增量选优、存量提质”，对西双版纳野象国家公园、西双版纳热带雨林国家森林步道、傣族非遗文化园、茶马之路黄金旅游走廊、勐海普洱茶文化线性博物馆等龙头项目进行了针对性的提质部署；对以融创国际度假区、告庄西双景旅游度假区、澜沧江国际生态文化旅游度假区为首的度假区体系提出了优化措施；对一系列重点民族村寨和特色小镇制定了发展指引。

3. 强化旅游线路打造和跨境旅游组织。以西双版纳的特色资源为依托，规划了雨林探秘、多彩民族、茶马古道、边城掠影、健康养生五大旅游线路品牌；确立勐腊磨憨的跨境旅游门户地位，布局磨憨—磨丁跨境旅游合作区；创新跨境旅游方式——“陆地邮轮”模式，即以“房车团”的形式出游，借鉴“线性旅行、停靠休闲”的邮轮式管理经验；建设以昆曼国际大通道为代表的精品跨境自驾旅游公路；打造“金四角”国际旅游圈跨境旅游线路。

四 实施展望：名城创建与大滇西旅游环线建设相辅相成

以建设世界旅游名城为目标，按照世界级品牌、国家级品牌、省级品牌三大维度，分解落实品牌创建工作，做好大滇西旅游环线重大文旅项目建设储备与规划。规划共梳理大滇西旅游环线重大文旅项目 32 项，重大文旅招商项目 20 项（见表 1）。通过以点串线的方式，做好大滇西旅游环线重大文旅项目布局，以勐海县勐巴拉旅游小镇、大益庄园，景洪市澜沧江国际生态文化旅游度假区、景洪国际医疗先行旅游区、勐腊县勐远仙境清养小镇、望天树 5A 级景区创建、孔明山体育旅游区等项目为重点，重点抓好亚洲象国家公园 5A 级景区建设项目，加快推进半山酒店建设，全力推进西双版纳大滇西旅游环线“四化”文旅项目建设，成为引领国际前沿动态的风向标。

表 1 旅游品牌创建

	名称	2019 年	2022 年	2035 年	近期重点创建单位
省级品牌	省级旅游度假区	0	2	6	重点推动西双版纳告庄西双景旅游度假区、西双版纳中林雅德秘依旅游度假区、勐巴拉国际旅游度假区建设
	省级旅游名镇	4	8	15	现有勐腊县易武乡、勐罕镇橄榄坝，勐腊县勐仑镇、勐海县打洛镇，重点推动景洪市勐罕镇、嘎洒镇、大渡岗乡建设
	省级旅游名村	0	50	100	推动景洪市 17 个、勐海县 15 个、勐腊县 10 个、西双版纳旅游度假区2个、景洪工业园区管委会3个、磨憨经济开发区管委会 3个村落申报
	省现代农业产业园	0	4	8	推动大渡岗现代农业产业园、大益庄园、普文农业产业园、勐遮莓类产业园建设及申报
	省级科普教育基地	5	7	10	现有原始森林公园、中科院西双版纳热带植物园、热带花卉园、南药园、西双版纳国家级自然保护区，重点推动大益庄园、大渡岗现代农业产业园申报
	省级旅游扶贫示范村	1	17	—	现有勐腊镇补蚌村委会补蚌村小组，推动景洪市嘎洒镇沙药村曼迈一组等9个、勐海县布朗山乡勐昂村委会邦诺村民小组等5个、勐腊县关累镇勐远村委会曼勐村小组等2个申报

■ 续表

	名称	2019 年	2022 年	2035 年	近期重点创建单位
国家级品牌	国家级文化生态保护区	0	1	1	以11个非物质文化遗产为依托创建国家级文化生态保护区
	国家 5A 级旅游景区	1	2	2	现有中科院西双版纳热带植物园，近期重点推动望天树景区建设
	国家 4A 级旅游景区	10	13	13	现有傣族园、原始森林公园、野象谷景区、望天树景区、勐泐文化旅游区、茶马古道景区、勐景来景区、告庄西双景旅游区、茶马古道风景区、曼听公园,重点推动独树成林景区、西双版纳勐远仙境景区、西双版纳融创主题乐园建设
	国家生态旅游示范区	1	2	3	现有野象谷景区，重点推动望天树景区、原始森林公园申报
	国家级旅游度假区	1	2	3	现有西双版纳旅游度假区，推动西双版纳融创国际旅游度假区、澜沧江国际生态文化旅游度假区建设
	国家特色小镇	1	2	4	现有勐仑镇，重点推动橄榄坝傣族水乡、基诺风情小镇、勐巴拉雨林小镇建设
	国家农业公园	0	0	1	重点推进勐腊县大渡岗乡茶产区创建
	国家现代农业庄园	0	2	6	重点推动勐龙镇曼康湾天茂农庄、嘎洒镇曼播村委会曼湾农业庄园、景洪农场林语花恋农业庄园、勐海县贺开古茶庄园、大益庄园、勐腊县老虎箐雨林农业庄园建设申报
	国家级非物质文化遗产	11	13	15	重点推动傣族壁画、傣族高升制作技艺、傣族关门节·开门节、普洱茶（七子饼）传统制作技艺、哈尼族服饰制作技艺、基诺族特懋克节等省级非遗进行申报
	中国中小学生研学实践教育基地	1	1	2	现有中科院西双版纳热带植物园，重点推动野象谷、热带花卉园申报
	国家中医药健康旅游示范基地	0	1	2	重点推动南药园、中国抗衰老中心西双版纳森林养生基地建设
	中国少数民族特色村寨	8	10	15	现有基诺山乡巴亚村委会巴坡村、勐腊镇曼龙代村委会曼龙代村、嘎洒镇曼占宰曼丢、勐罕镇曼听曼春满、勐罕镇曼嘎俭曼峦嘎、勐罕镇曼听曼乍、勐龙镇坝卡村委会坝卡、基诺山巴卡村委会巴卡老寨，重点推动景洪市爱伲山寨、西定乡章朗古寨、勐混镇曼弄老寨、勐伴村曼里寨等建设
世界级品牌	世界文化遗产	0	1	2	重点推动茶马古道申报，傣族古村寨联合申报
	世界自然遗产	0	0	1	重点推动勐海县野生茶树资源申报
	世界非物质文化遗产	0	0	1	重点推动傣族泼水节申报

大理市旅游总体规划（2020—2035）

大理地处低纬度的云贵高原，四季温差不大、常年干湿季分明，是理想的居住之地。与此同时，大理旅游资源丰富多样、分布密集，旅游基础设施相对完备。苍山洱海自然风光、大理古城历史文化、喜洲白族村落、下关现代城市设施等主要优势旅游资源，使大理拥有成熟的旅游产品及非常高的知名度，可开展山水风光旅游、历史文化旅游、休闲购物旅游等多种旅游形式。大理是当前中国乃至全球著名的旅游目的地，大理市作为大理旅游形象的支撑性区域，既是大理州的旅游中心，也是滇西北的重要旅游区和云南省旅游发达地区之一（大理市区位分析图如图 1 所示）。

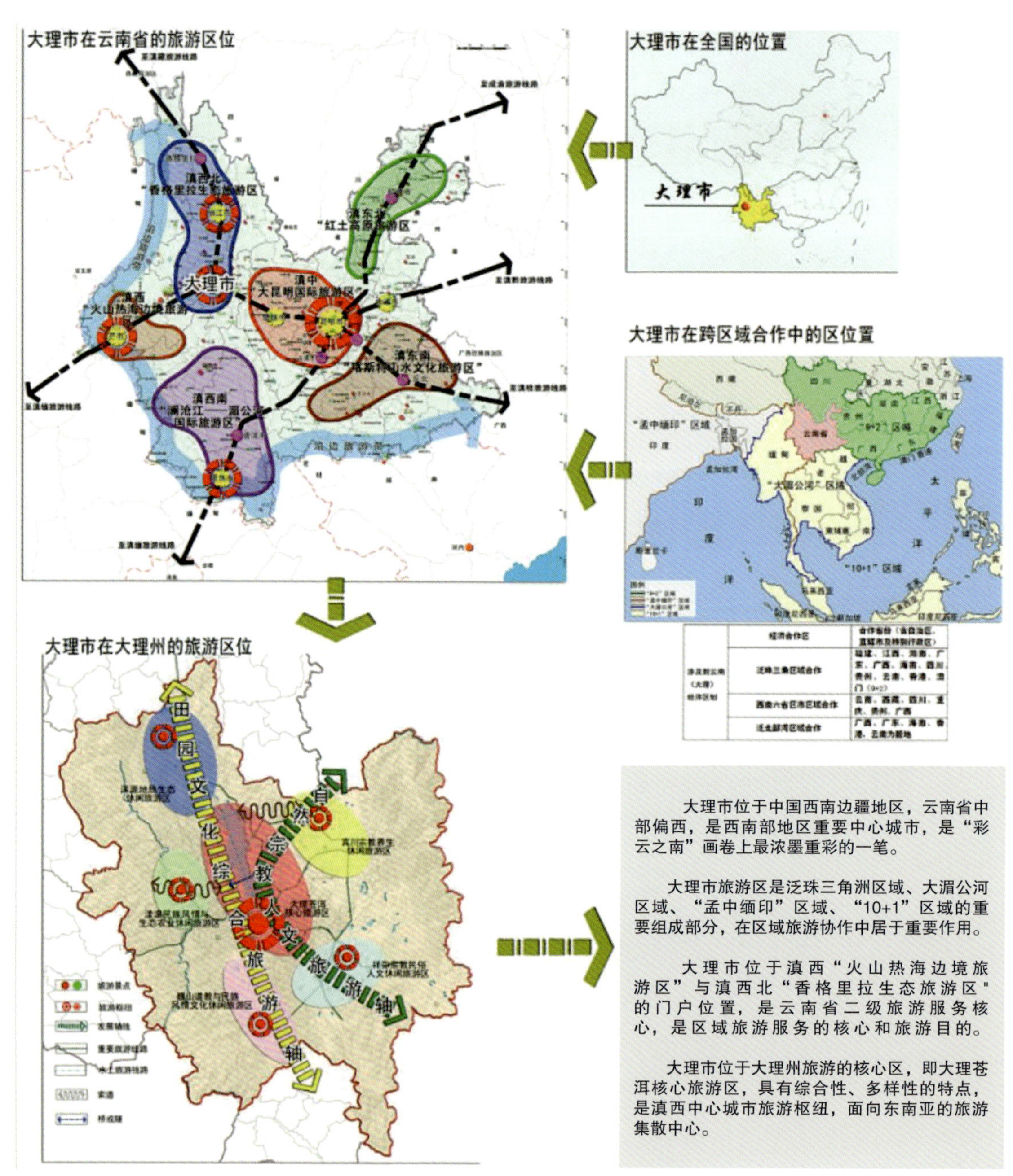

图 1 大理市区位分析图

近年来，大理旅游经济发展迅速且旅游人口增长迅速，旅游业实现了从一般"接待型"到"支柱产业型"的转变升级，从传统观光游向休闲度假游转变，由团队游转变为散客游，旅游类型、线路正在向多样化、多层次迈进，符合旅游发展的大趋势。但是目前大理旅游转型仍处于初级阶段，尚未完全形成产业链，对其他产业的带动作用较弱；旅游产品尚未开发完全，部分旅游产品缺乏吸引力；旅游类型丰富程度不足；旅游线路单一、与区域协作力度不强；旅游基础设施的服务水平较低，没有形成完整的体系，这需要较长时间的调整升级。

随着多样化市场需求逐步发育，旅游消费逐渐从观光游占据绝对主体地位向观光游、休闲度假游和专项游并举发展，旅游的郊区化、短期化得到发展，一日游、两日游越来越多；随着新型业态不断涌现，度假产品、专项旅游产品、旅游新业态成为投资热点，旅游业与其他产业融合越来越紧密，智慧游、养老游、新型乡村游逐渐占据旅游市场；随着旅游观念和旅游需求的改变，自助游、商务游、期货式旅游也逐渐显现；随着一系列旅游政策和法规的出台保障了旅游市场规范化运营，旅游中介的管理愈发规范化。

国家、云南省、大理州提出了一系列关于旅游改革发展的意见和要求。2018 年，国务院印发《关于促进全域旅游发展的指导意见》，明确加快旅游供给侧结构性改革，着力推动旅游业从门票经济向产业经济转变，从粗放低效方式向精细高效方式转变，从封闭的旅游自循环向开放的"旅游 +"转变，从企业单打独享向社会共建共享转变，从景区内部管理向全面依法治理转变，从部门行为向政府统筹推进转变，从单一景点景区建设向综合目的地服务转变。2018 年，云南省人民政府印发了《关于加快推进旅游转型升级的若干意见》要求把云南建设成为世界一流旅游目的地，大理市应该借助云南省委、省政府提出全面推进云南旅游"二次创业"的契机，推进旅游产业的改革升级，丰富旅游类型、完善旅游服务设施、统筹旅游城乡发展，实现旅游从"数量"到"质量"的转变，由"大"向"强"的跨越式发展。2019 年，大理州委、州人民政府出台了《大理州推动旅游革命加快全域旅游品质提升三年行动计划 (2018—2020)》，要求大理州按照"国际化、高端化、特色化、智慧化"的发展目标和优质旅游发展要求，全力打造 "健康生活目的地牌"，把大理建设成世界一流旅游目的地。2019 年，云南省委、省政府提出建设"大滇西旅游环线"，意在全力打造世界独一无二的旅游胜地。而大理是"大滇西旅游环线"规划建设的重要节点之一。

技术路线——立足全域，全域指导，从大理走向滇西

规划于 2013 年率先在省内提出"一个景区的规划思路,从全域出发，通过全域布局、全业融合、全民参与、全新发展，实现旅游产业转型升级和跨越发展 (见图 2) 。

规划优化布局，推进交通基础设施建设，完善旅游综合配套服务体系，**积极融入大滇西旅游环线，打造环线门户。**

城乡一体化
全域景区化
建设特色化

思路一：以洱海保护为主线，明确保护区域，引导旅游从聚集到全域分散，构建美丽大理国土空间格局

思路二:提升旅游产业层次，丰富旅游业态、完善休闲旅游度假产品体系

思路三:完善旅游配套设施，优化旅游设施空间布局，合理调控设施容量分布

思路四:核准环洱海旅游承载能力与环境容量，衔接统筹规划，控制生态底线，加强生态建设，做生态旅游

图 2 全域旅游思路分析图

大理市交通事业在不断发展，广通高铁大理站开通，大丽高速建设完工，环洱海交通环线形成，下关过境交通绕行方案发展完善（下关过境交通绕行方案使下关过境交通与城内交通有效分离，改善了下关的交通条件），海西多类型、多层次的交通系统逐步形成（高速路、国道、环湖路、慢行系统等交通系统逐步完善），茶马古道线路即将复建，新的交通格局逐渐形成。大理市交通条件的改善影响了旅游出行方式，尤其是大丽高速上关、双廊、海东、挖色高速出入口建设，新增了高速路—上关—喜洲、高速路—双廊、高速路—海东、高速路—挖色等线路，形成了下关、古城、双廊、海东、挖色等多中心的交通枢纽。随着大理旅游从传统观光游向休闲度假游的转变，大理市旅游发展已逐步步入一个十字路口，旅游发展战略如何重新定位，旅游业如何实现战略转型，旅游产业及旅游产品体系如何重构，旅游发展与城镇化建设如何相互促进，旅游发展与环境资源保护利用如何协调，大理旅游发展如何与新的法规衔接，怎样带动实现大理旅游产业协调发展，大理旅游如何更好地利用新的交通格局，大理旅游如何缓解现在的交通集中问题，智慧旅游如何实现，怎样来转变模式实现大的跨越，是大理市思考的重点，也是其迫在眉睫的转折点。

大理市已经编制了《大理国家级风景名胜区总体规划》《大理市旅游度假区总规修编（2005—2015）》《大理环洱海旅游观光轨道项目线路及站点设置情况》《大理市洱海生态走廊总体概念规划》《历史文化名城保护规划》《大理市旅游基础设施布局专项规划》等。旅游主管部门也积极走出去，向发达国家和地区学习探索智慧旅游建设的出路并取得显著成果。但由于以往各类规划编制主导部门、目标对象、基础平台、空间要素、编制年限等多方面的差异，往往各类规划多而不统、步调不一、偏注一隅，造成管理权责不清、实施相互冲突，难以科学统筹城乡全域、实现规划落地。

《大理旅游总体规划》主要工作内容如图 3 所示。

大理市旅游景点分布如图 4 所示。

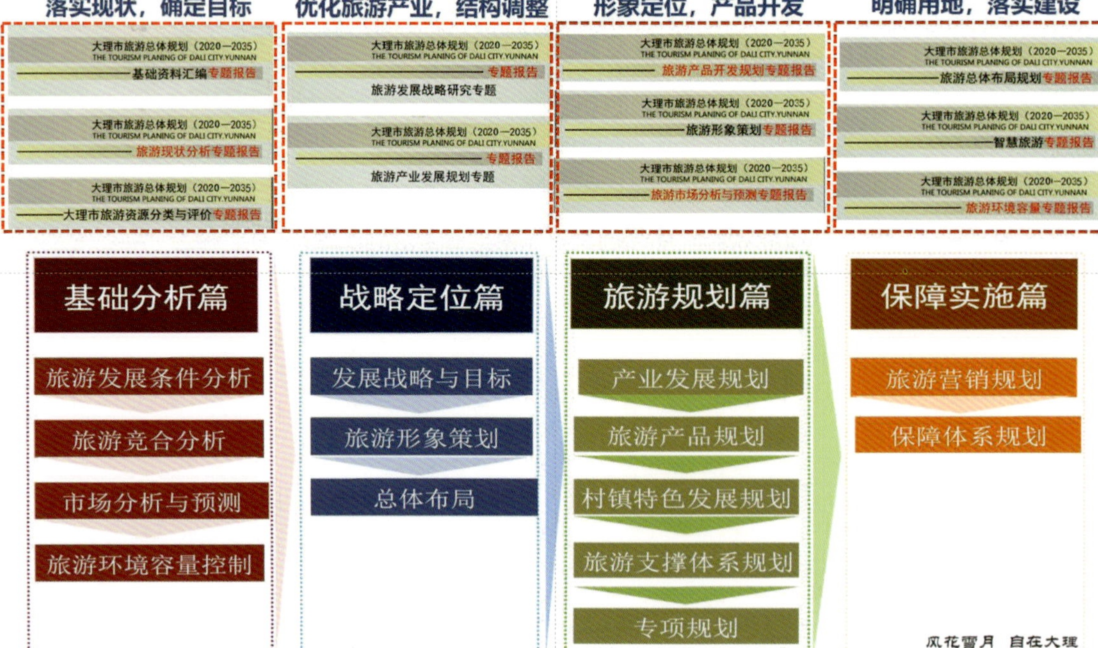

■ 图 3《大理市旅游总体规划》主要工作内容

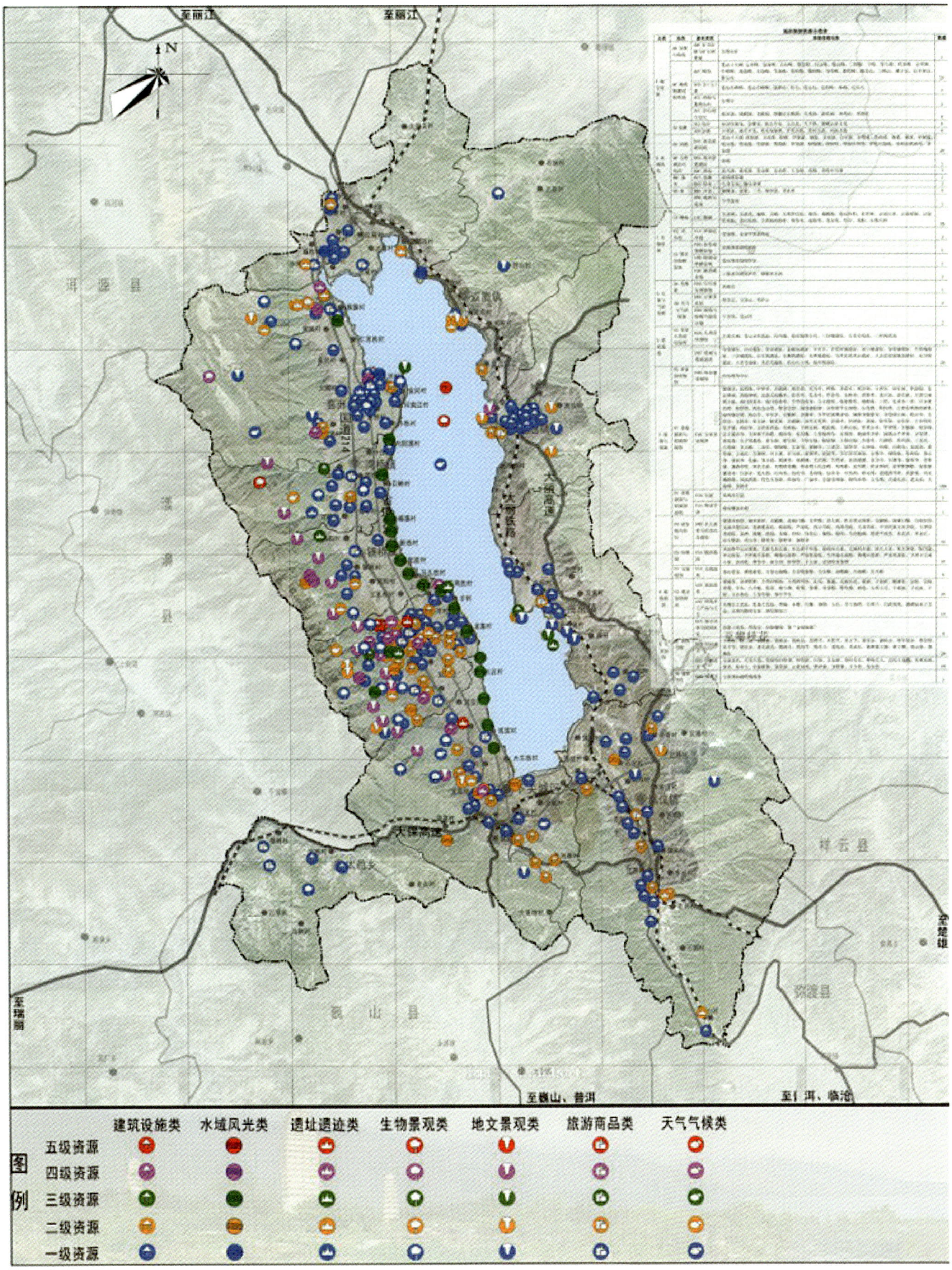

至丽江
至丽江
N
洱 源 县
漾 濞 县
大丽铁路
大丽高速
大保高速
祥云县
弥渡县
巍 山 县
至楚雄
至瑞丽
至巍山、普洱
至1洱、临沧

图例

	建筑设施类	水域风光类	遗址遗迹类	生物景观类	地文景观类	旅游商品类	天气气候类
五级资源							
四级资源							
三级资源							
二级资源							
一级资源							

■ 图 4 大理市旅游景点分布

技术路线——问题导向，重点解决四大问题

“洱海保护” 是大理市的发展重点，如何平衡生态环境与旅游开发间的关系？

• 明确保护区域，确定旅游容量，引导旅游从聚集到全域分散

旅游产业发展层次低，结构不合理，旅游产业不成体系，如何构建？

• 融入云南“三张牌”战略，打造高价值集群化旅游产业体系

随着大理旅游从传统观光游向休闲度假游的转变，旅游发展战略如何重新定位？

• 围绕名城古镇古村、“茶马古道”、白族文化，打造高端旅游度假产品，提升品牌知度，构建大理市高端文化旅游品牌

旅游基础设施、旅游开发建设项目难审批、难落地，如何确定建设项目用地合法合规？

• 与在编国土空间规划数据库直接对接，明确项目建设用地

■ 图 5 《大理市旅游总体规划》技术路线

借助大理作为云南省“国土空间规划”改革试点的东风，依托《大理市国土空间规划（2020—2035）》（在编）管理机制和平台，大理市旅游发展与管理委员会委托云南省设计院集团先期编制了《大理市旅游基础设施布局专项规划》，并统筹编制《大理市旅游发展总体规划（2020—2035）》（以下简称《规划》）。

《大理市旅游总体规划》技术路线如图 5 所示。

本次《规划》的编制是以相关政策等为依据，与省、州、市规划相结合，紧扣当前旅游业发展与转型的趋势，综合研究大理市旅游发展条件，旅游资源及旅游市场特点，确定大理市旅游在国民经济中的地位、作用和发展目标，提出旅游整体发展战略，并对如何实现目标做出整体性部署。研究确定大理市旅游产业的发展对策、布局及模式，构建大旅游产业；对旅游区的形象定位、总体布局、绿化、交通、水电、旅游服务设施、人力资源进行统筹安排、全面规划；确定大理市的接待容量和游览活动的组织管理措施；设计和规划旅游线路；提出市场营销策略；制定保护和开发利用及实施保障措施。

《规划》的编制和实施切实指导大理市旅游的转型和发展，指导旅游区的建设、布局和发展。同时也将是培养大理支柱型旅游产业，带动相关产业发展的重要战略；调整旅游业结构，促进旅游业转型与升级的重要手段；实现旅游产业发展、带动新型城镇化发展的重要保障；强化旅游相关规划可行性的重要措施；完善旅游信息化建设、建设智慧旅游城市的重要条件；促进旅游生态优化、推动生态环境良性发展的重要依据。

《大理市旅游总体规划》技术路线（见图 5）。

特色及亮点一：立足洱海生态保护，推行生态文明旅游

《规划》充分以习近平总书记的"一定要把洱海保护好"的核心指引，针对村庄建设无序蔓延、环海生态破化等生态问题提出相应策略，推行大理市生态治理下的全域旅游。并促进《云南省大理白族自治州洱海保护管理条例》的出台。

特色及亮点二：调整优化产业布局，推动"腾龙换鸟"

整体把握大理市发展方向，做精做优旅游产业，优化"大理品牌"，树立世界级旅游精品。确定大理市定位主要以旅游为主，并指引市域范围内不适宜的产业外迁、低端升级改造逐步向高端转变。

特色及亮点三：融汇串联景点景区，打造大理一个大景区

《规划》梳理整合大理市域各景点，将大理作为一个景区，并对旅游资源、相关产业、公共服务、生态环境、政策法规、体制机制、文明素质等进行系统化、全方位的优化提升，为大理全域旅游的发展提供有效支撑（大理实景图如图 6、图 7 所示）。

特色及亮点四：强化规划落地实施，推进顶级项目入驻

以总体规划为指引，形成规划项目库，积极推进项目引进，并结合大理市市政府需求，增加高端项目引导。促进安缦、希尔顿、华彬、大理海洋城等品牌落地，促进大理旅游逐步向高端进步。

特色及亮点五：落实用地保障需求，衔接国土空间规划

坚持"以水定城"的总体规划思想，合理框定旅游人口生态承载能力，并积极与国土空间规划相对接，确保策划旅游产品与项目布局符合国土空间规划"三线"划定及用地布局，明确与洱海生态环境保护"三线"不冲突。

■ 图 6 大理实景图

图 7 大理实景图

维西县全域旅游发展规划（2018—2030）

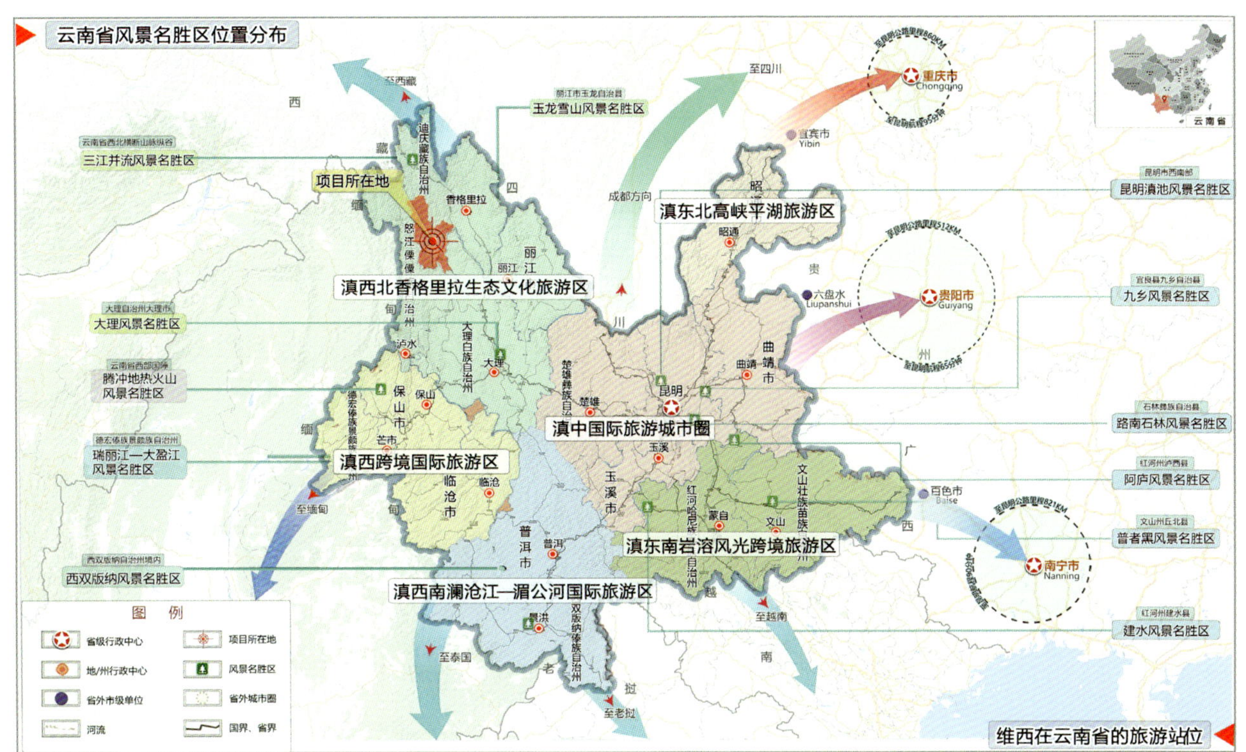

■ 图 1 维西县在云南省旅游发展站位分析

一 项目概况

本规划范围为维西县 3 镇、7 乡，规划年限为 2018 — 2030 年。2018 — 2020 年为近期，暨夯实基础与重点突破期；2021 — 2025 年为中期，暨全域旅游示范区创建与验收期；2026 — 2030 年为远期，暨巩固拓展与创新升级期。

本规划在与云南省、迪庆州旅游发展规划进行衔接的基础上，综合分析维西县全域旅游资源及产业发展现状，按照云南全省旅游“国际化、高端化、特色化、智慧化”的发展目标和“云南只有一个景区，这个景区叫云南”的理念，全面推进“旅游革命”，从而加快维西县全域旅游发展，实现全县旅游转型升级，将其全面建设成一流旅游目的地。

维西县在云南省旅游发展站位分析如图 1 所示。

二 发展定位

(一) 总体定位

借助“三江并流”世界自然遗产、“香格里拉”“国家公园”世界旅游品牌影响力，基于维西县“江河、生态、文化、乡村、生物”融汇而成的大识别资源要素，缝合维西“三江腹地”综合区位优势与大健康生态养心市场痛点两大关联成体，通过资源价值挖掘、旅游产品创新、产业形态升级、市场需求对接、定位功能精准等手段，推动维西从资源要素富集、观光型旅游产品、地域边缘化的“小旅游”向完善的市场产业链、多元产品业态、旅游集散地式的“大旅游”转变，激活维西旅游全域化发展，力求将维西县建设发展为三江并流香格里拉大健康生态养心集散地。

(二) 形象定位

三江并流腹地，香格里拉之心。

维西县规划技术路线如图 2 所示。

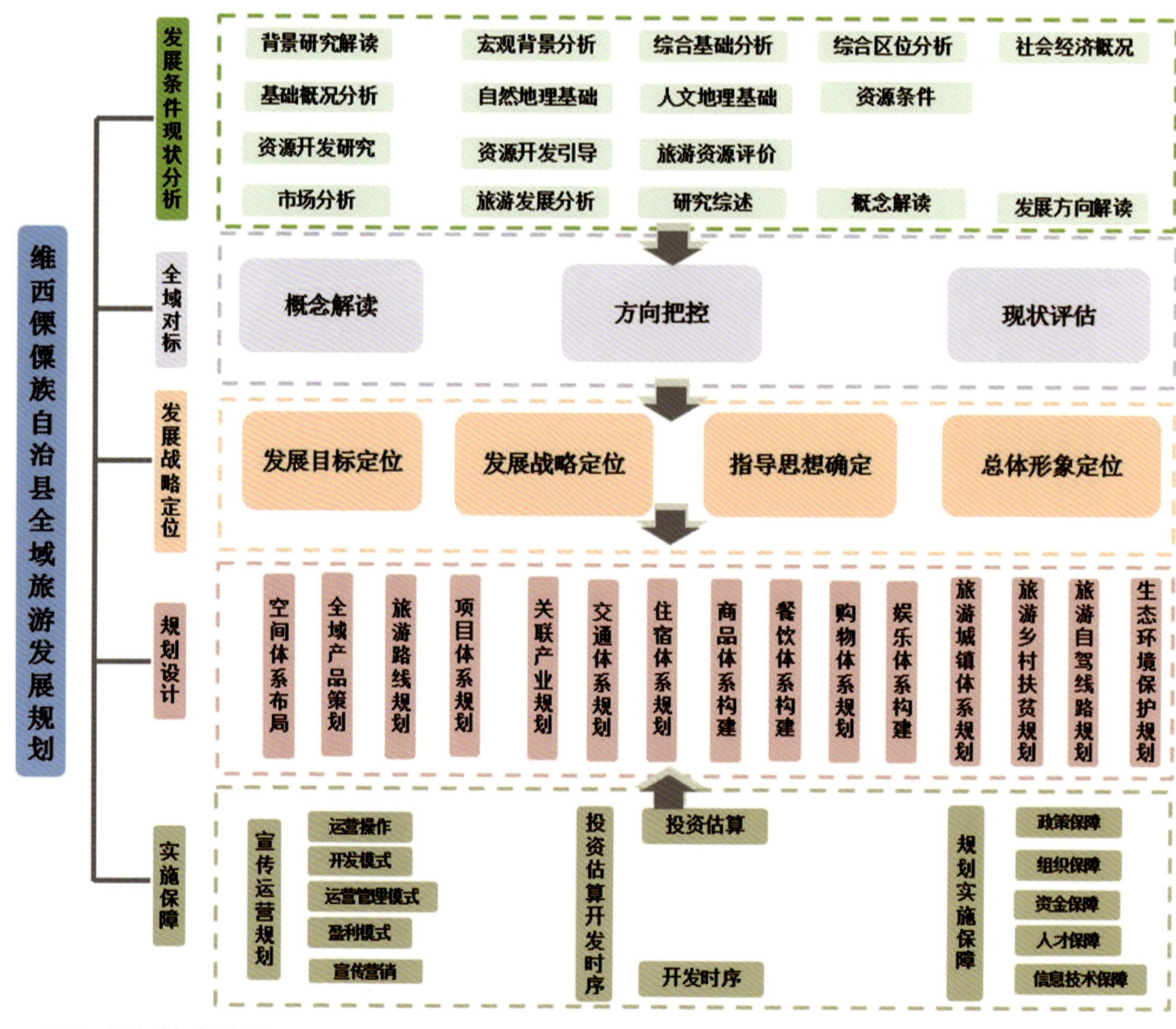

图 2 规划技术路线

三 发展战略

本规划遵循多规融合、绿色生态、坚守生态红线，遵循政府引导、市场驱动、创新发展，产业联动、互补开发、融合发展，鼎革观念，全局占位，特色发展等原则。通过七大发展战略将维西县建设发展为三江并流香格里拉大健康生态养心集散地。

（一）对标建设、扬长补短

围绕《国家级全域旅游示范区验收标准》《云南省全域旅游示范区创建管理办法》具体细则，健全产品体系、完善设施配套、提质服务管理。

（二）立足区位优势、借势（市）而为

擘画“一日游三江”的集散服务枢纽和产业配套核心，构筑全县旅游产业高质量发展的高能引擎。

（三）凝练比较优势、整合康养资源

厚植绿色健康产业发展优势，形成以大健康生态养心为引领、市场聚合力强、形象认可度高的全域旅游目的地品牌。

（四）千村百河为载体、乡村振兴为内核

以智造中国古村落公园为导向，刻绘千村齐兴、百河宜养的全域旅游发展蓝图和产品架构。

（五）理念创新、高位开发

以产品体系的差异化和营销体系的创新化融入香格里拉生态旅游大区位。

（六）政府筑巢引凤、资源整合包装

树立从政府主导到政府引导的发展思路，用资本市场和金融手段推动维西旅游跨越式发展。

（七）以"旅游＋"驱动关联产业融合升级

以"＋旅游"保障要素供给全业化，通过多产业融合形成全民参与的发展格局，真正实现维西旅游全域发展。

四 全域旅游空间布局

以全域旅游为发展理念，结合维西县旅游资源的空间分布特点、开发现状和未来旅游产业发展趋势，构建出"三心、三带、四片区"的全域旅游空间布局（见图 3）。

三心"聚力"：全域旅游集散中心、三江并流旅游集散中心、叶枝旅游服务中心。三带"牵引"：澜沧江雪域江河旅游带、金沙江康养休闲旅游带、永春河田园风情旅游带。四区"相生"：塔城生态文化国际精品旅游片区、三江并流永春河旅游片区、碧罗雪山生态人文旅游片区、澜沧江高峡平湖旅游片区。

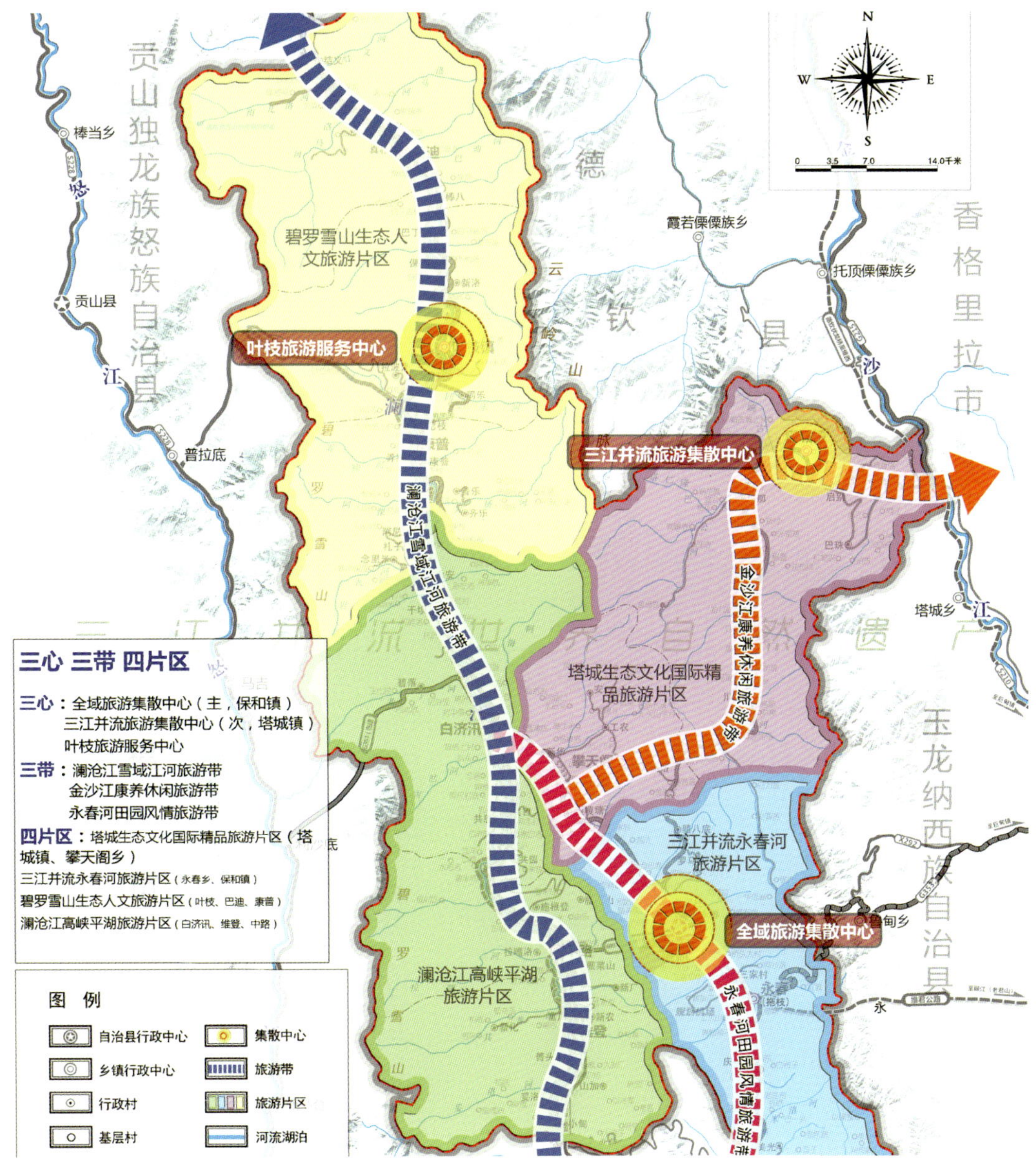

图 3 全域旅游空间体系布局

五 项目、产品体系构建

产品体系（见图 4）

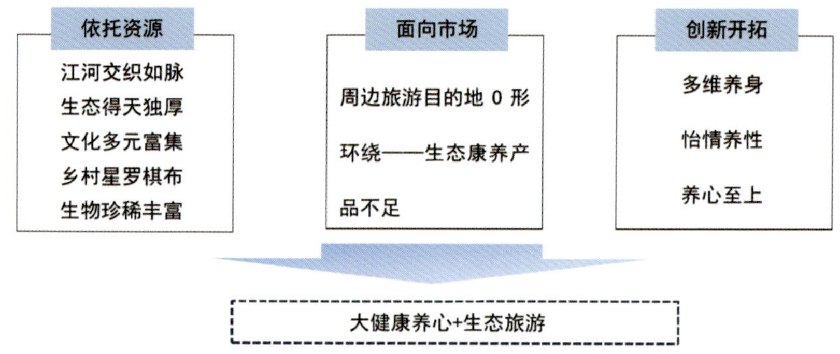

图 4 产品体系

根据旅游资源本底和市场需求趋势，架构"五大龙头项目为全域发展引擎、十大重点项目为全业共融核心、12 个一般项目为全民共享支撑"的全域旅游发展项目格局，完成景点旅游到全域旅游时代的过渡。

依托维西江河、自然、文化、乡村、生物等优异丰富的生态人文资源，面向周边环绕的旅游目的地产品空缺，对接规模达千亿元的康养旅游蓝海，围绕大健康主题，拓展水养、动养、和养、闲养和疗养等多维康养空间，打造大健康养心、生态旅游两大产品体系。

六 维西全域旅游要素支撑

"食、住、行、游、购、娱"六大要素是旅游消费的构成，是实现旅游生产力的必备条件，是全域旅游规划的重点内容。应按照"政府推动、市场运作、企业主导、社会参与"的原则，系统化推进旅游配套要素建设。

旅游交通体系建设。结合全县道路交通十三五规划、一部手机游云南自驾旅游线路规划以及县域旅游景区景点分布，完善全县旅游干线公路、旅游连接公路、旅游特殊公路建设，强化全域旅游交通设施配套。

旅游住宿体系建设。以全域旅游发展定位为核心，以住宿设施精品化为发展方向，引领住宿产业由粗放型向高精端转型升级；以旅游设施全域化发展为指导，立足地域自然人文生态，构建地域性全域全景旅游住宿体系；以全域旅游经济发展目标为导向，制定科学的设施构成比例，逐渐调整设施比例科学化发展。

旅游餐饮体系建设。打造维西县民族盛宴系列、生态源味系列、风味小食系列和养生药膳系列主题餐饮，打造地方美食品牌，建设研发推广机制；支持维西品牌餐饮店连锁发展；制定餐饮服务标准，保障餐饮健康服务质量；完善餐饮布局体系，合理布局美食节点，创新打造特色餐厅，加强节庆活动推广。

旅游商品体系建设。根据维西药材种植、地理标志农产品、传统工艺等资源，打造药材及保健品、旅游食品、旅游纪念品、旅游工艺品等旅游商品体系，构建线上平台、线下平台、辅助管理平台等维西旅游特色商品全渠道销售平台。

休闲娱乐体系建设。构建全时全季、内涵深厚、有益身心的娱乐活动体系，在现有的娱乐设施的基础上，增加诸如健康养生俱乐部、健身俱乐部、文娱中心、文娱广场等休闲娱乐场馆，为游客及当地居民提供具备民族特色和现代时尚相结合的休闲服务和场馆。

公共服务体系建设。按照以人为本、主客共享、标准化建设、产品化服务、关联产业带动、市场化运营等原则，引导维西县旅游集散服务、自驾服务、

公共游憩空间、旅游环卫设施、旅游标识系统、旅游安全保障、旅游监督投诉保障、旅游便民惠民服务保障、智慧旅游等公共服务体系建设。

引导维西旅游城镇体系、乡村旅游扶贫、生态环境与旅游资源保护体系建设。从旅游发展角度将全县乡镇旅游分工和发展导向进行重新梳理，明确各类型乡镇的旅游发展思路和重点方向，加快旅游与城镇建设融合，突破分级体系不足的问题，以全域理念统筹城乡改革，着力构建层次分明、功能各异、特色鲜明的旅游城镇体系；着力开发建设以旅游扶贫示范乡镇和重点旅游扶贫村为主体的旅游扶贫工程，促进相关产业发展，改善农村生活环境，带动贫困群众脱贫致富，提升贫困群众的生活质量和水平，为全县打赢脱贫攻坚战，为全国实现全面建成小康社会做出新贡献；推动维西全域自然生态环境、人文生态资源保护。

七 强化全域旅游发展保障

针对维西全域旅游项目及全域旅游要素建设需要，我们在本规划中注重引导维西全域旅游运营管理、宣传营销体系建设；按照循序渐进、滚动发展、系统推进和开发难易程度，明确全域旅游项目开发建设时序；制定政策、组织机制、资金、人才、信息技术等措施，为维西全域旅游产业发展提供有力保障。

旅游区规划篇

旅游区涉及多个空间概念层次，A级景区、旅游区、度假区乃至乡村、城镇等。本篇收录的规划项目主要涉及传统旅游区范畴，即景区和度假区；既有概念规划，也有总体规划和详细规划。

《石屏“湖城一体”文化旅游区总体规划》以云南省九大高原湖泊之一的异龙湖保护为主线，在如何处理好保护与发展的关系，如何将人文与自然进行深度结合方面进行了思考。《石林大叠水景区概念规划》在传统旅游资源如何适应现代多元化、年轻化旅游消费方面进行了产品业态的谋划布局。《德宏芒市勐焕银塔景区修建性详细规划》对旅游景区设计中传统民族和宗教元素的运用进行了有益的探讨与尝试。《大理古城旅游度假区总体规划》在大理古城旅游发展面临转型升级的背景下，对标创建国家级度假区要求提出了发展策略，进行了翔实的设计布局。

本篇编录的规划项目有：

石屏“湖城一体”文化旅游区总体规划

石林大叠水景区概念规划

德宏芒市勐焕银塔景区修建性详细规划

大理古城旅游度假区总体规划

石屏“湖城一体”文化旅游区总体规划

一 规划背景

石屏县是云南省历史文化名城，素有“文献名邦”的美誉。随着红河州经济的快速发展，石屏县正全方位融入昆玉红产业经济带和区域文化经济发展大局之中。地方政府提出结合历史文化名城基础提升城乡人居环境，推动融合发展，希望聚力打造旅游品牌，建成云南省重要的旅游目的地。

与石屏县毗邻的异龙湖是云南省九大高原湖泊之一，云南省委、省政府及石屏县高度重视异龙湖保护与治理，实施了“异龙湖综合治理三年达标行动计划”。异龙湖的兴衰关乎石屏县的兴衰，异龙湖生态环境的改善也将带动石屏的发展。异龙湖生态环境保护与石屏县发展同时列入了当地政府重点工作计划，协调保护与发展关系是考验地方政府的重大问题。

石屏“湖城一体”文化旅游区位于石屏县城和异龙湖之间的城乡接合部，范围南至环湖景观路，北至城北河，东至异龙湖，西从焕文公园至大瑞城一线，面积为 287.06 公顷。该区域面临着城市与农村更新改造、异龙湖生态环境治理、旅游产业发展等诉求，机遇与挑战并存。随着石屏县“一湖三镇”总体规划的实施，石屏城市建设和生态环保进入高速通道，打造“湖城一体”文化旅游片区条件已趋成熟。

《石屏“湖城一体”文化旅游区总体规划》（以下简称《规划》）充分研究了异龙湖与石屏县城的关系，本着保护与开发并重、自然与人文结合的原则，期望塑造石屏县“湖”与“城”一体化新形象，推动旅游业与其他产业融合发展，促进石屏县旅游从景点模式向全域旅游模式转变（规划总平面图如图 1 所示，功能结构如图 2 所示）。

石屏「湖城一体」文化旅游区总体规划

——规划总图

图 1 规划总平面图

二 规划思路

《规划》以"问题"与"目标"作为导向。"做什么？""在哪做？""如何做？"三个问题始终贯穿其中。

首先，基于保护与发展诉求的研究，分析了异龙湖保护与治理的重点；还分析了石屏县地域文化的特点和资源优势，以展示城市文脉、突出城市文化来明确项目内容，强调独特性。其次，对项目区域关系和用地进行逐层分析，构建保护与发展的宏观格局；分析项目系统性优势，避免项目孤立和建设风险。最后，对项目布局、空间、格调进行多方案比较；确定保护与发展关系的平衡点。关注项目的可操作性，并对项目的社会效益、环境效益、经济效益进行预判。以"一城一湖一山"为核心构建框架，以异龙湖为中心，连接石屏、建水两城打造红河"古城韵"和异龙湖"湿地缘"，最终达到良好的实施效果。

在"湖城一体"战略指导下，突出石屏县"迷人的异龙湖，良好的生态，厚重的文化"三张名片。充分发掘整合石屏历史文化名城、历史文化名人、异龙湖生态景观资源等石屏县最突出的特点，将规划区打造成异龙湖国家湿地公园的重要组成部分，石屏历史人文的集中展示窗口，集历史文化 展示、山水魅力游览、市民公共休闲、生态科普示范功能为一体的旅游综合体。营造集"秀美山水、厚重文化、活力城市"于一体的"老石屏、新气象"。

《规划》突出"一条红线""两项功能""三个节点""四大景观"的构思：

一条红线：以《异龙湖保护管理条例实施办法》所确定的异龙湖常水位线（1414.2米）作为生态保护红线，依法依规，严格遵循相关国家及地方法律条文，贯彻对异龙湖生态环境的严格的保护与管控思路。

两项功能：整合异龙湖生态系统功能与旅游发展功能。实现区域生态环境的优化、石屏城市名片的打造及人居环境的改善。两项功能相辅相成，互利共赢。

三个节点：打造湿地公园主入口、东入口和西入口三个节点，重点加强异龙湖与石屏城、湿地原生态景观板块与城市文化展示体验板块的衔接。

四大景观：结合区域文化旅游资源、生态景观元素进行风貌打造，以"名人故里、来鹤胜境、三岛晨游、焕文烟雨"为主题营造意境，凸显四大景观风貌。展示石屏旅游新气象，形成石屏旅游新名片。

根据石屏"湖城一体"文化旅游区资源特色及规划设计思路，从生态保护、项目布局、游线组织等方面进行综合考虑，按"一带、一核、四区"进行功能布局。

一带：异龙湖环湖路景观带。异龙湖西岸环湖景观路及其沿线景观是旅游区沿异龙湖横向的游览主线，也是异龙湖与城市过渡地带。功能上串联各个入口、景点，同时也是独特的风景观光走廊、各功能区和马拉松项目的连接线。

一核：名人故里文化展示核。名人故里文化展示核是石屏"湖城一体"文化旅游区的核心，是"石屏文化展示传承的窗口"。结合石屏历史人文、地方文化、民族文化、湿地风光等特点，充分发掘石屏历史文化名城、历史文化名人和民族特色资源，打造集文化展示、生态效益、城市公共新空间等功能为一体的功能核心。

四区："结合实际，规划将区域划分为湖滨湿地生态修复区、小瑞城传统村落保护区、湿地主题公园休闲娱乐区及焕文山康体休闲区等四大功能区，为项目发展提供指引。"

湖滨湿地生态修复区：异龙湖条例管理区界线以内区域，湖滨带作为湖泊天然的保护屏障，在涵养水源、蓄洪防旱、维持生物多样性和生态平衡等方面有着十分重要的作用。具体功能包括异龙湖西岸入水净化、湖滨带生态系统恢复、湿地景观营造。

小瑞城传统村落保护区：保护传统村落民居建筑群，保护"亭—村—水—田格局。该区域在严格的保护前提下进行旅游开发，展示村落的空间格局、历史文化、绿色生态、古建民居和民族特色；打造最佳的观湖点—来鹤亭。

湿地主题公园休闲娱乐区：设置湿地主题娱乐、民俗文化体验、湿地科普教育

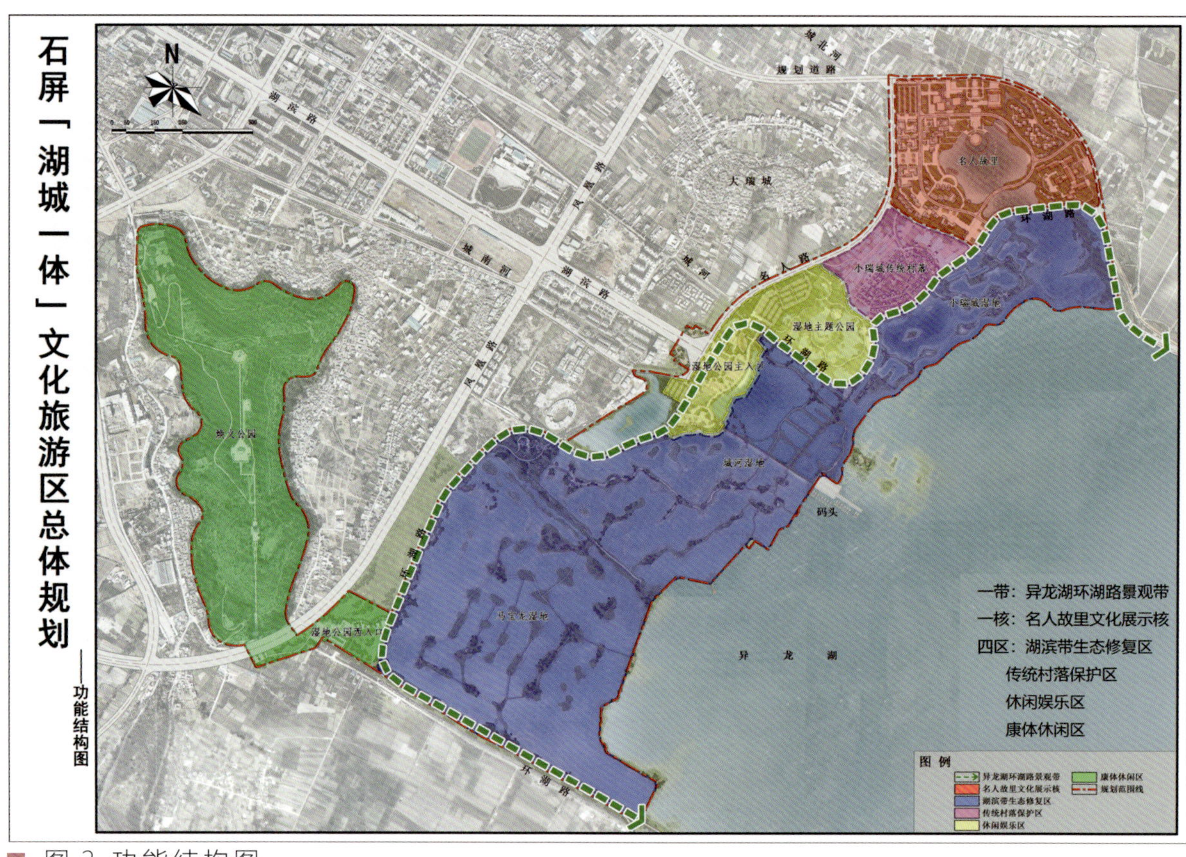

图 2 功能结构图

功能，融入民俗文化、休闲、娱乐、湿地科普等要素，配套湿地特色游乐设施，组织湿地游乐活动，形成旅游区的经济增长点。

焕文山康体休闲区：焕文公园与异龙湖位置上相对，是湖滨湿地视觉景观的重要"对景"。康体休闲区与湖滨湿地联系互动，打造与山地地形特点结合紧密的参与性山地运动休闲项目，成为区域标志性旅游吸引物之一。

三 规划创新及亮点

创新及亮点主要体现在以下四个方面

1. 充分实现湿地生态建设功能及城市文化展示功能，实现"极致的保护"和"极致的开发"

《规划》注重保护与发展的双重需要。首先，保证异龙湖湿地生态建设和科普宣教功能。严格保护生态红线、构建湿地系统、恢复景观风貌、保证净污流程，达到保护的极致。其次，重视城市文化展示和形象窗口功能，通过对地域文化精髓的诠释、历史文脉的延续、精致细节的呈现，使游客得到高端的服务与享受，做到开发的极致。

通过做好"湖城一体"这篇文章，必须避免城市建设过度影响传统历史风貌及自然风光，保证异龙湖水体不受侵蚀和破坏；同时又要将石屏县地方文化精髓（学官商文化、建筑艺术、民族风情、饮食文化）完美融入，将保护的极致与开发的极致最大力度展现出来，最终形成红河乃至整个云南的文化生态旅游新名片。

2. 打造湖滨湿地系统，保护高原湖泊水质，生态效果和景观效果显著；并形成了国家湿地公园科普宣教平台

《规划》对西岸湿地整体水系统进行整合，协调完善三片湿地的净水水系流程，同时开展湿地科普教育专项旅游，增加湿地游客服务及科普宣教设施，形成湿地保护与科普宣教平台，满足国家湿地公园建设要求。

3. 整合游览系统，展现石屏文化与自然特色风貌，社会效益及经济效益明显；形成了石屏旅游新名片

《规划》整合区域景观，增加重要节点塑造，增设休憩空间及林荫步道形成车行、慢行、水上观光等多种游览方式，突出区域公共游览服务、科普展示及生态体验游览等功能。"湖城一体"文化旅游片区成为红河州生态建设形象窗口，形成集文化、休闲、民俗、美食、科普、生态旅游为一体的高原湿地山水文化景观区。

4. 结合城与湖塑造四大景观二十四景，打造"诗画石屏"

规划区景观风貌延续石屏老城风貌格局，体现城市与自然景观、城市与文化、文化与自然景观之间的关系，体现" 湖城对话"" 城市与文化融合 ""湖与文化融合" 。《规划》以焕文塔、文献楼等主要景观标志点形成区域景观轴线，保证主要景观轴线的视廊通透，形成区域景观天际线。根据区域人文景观、自然景观、城市格局特色，打造"名人故里、来鹤胜境、三岛晨游、焕文烟雨"四大景观风貌；四大景观风貌之下营造异龙湖畔二十四景。文化与景观完美结合，形成"诗画石屏"。

四 规划实施成效

"湖城一体"文化旅游区项目实施后，已呈现人与自然和谐共生局面。异龙湖沿岸湖滨湿地环境逐步成形，整体水质得到提升。水污染防治"十三五"中期评估顺利通过，湖体生态保护取得重大进展。同时，石屏县的形象得到较大的提升，区域已成为石屏旅游新名片及红河州网红打卡地之一（景观风貌格局规划图如图 3 所示）。

截至 2019 年 3 月底，异龙湖野生鸟类品种达 156 种，比 2014 年增加了 62 种。2019 年 12 月 25 日，规划区通过国家林业和草原局组织的石屏异龙湖国家湿地公园

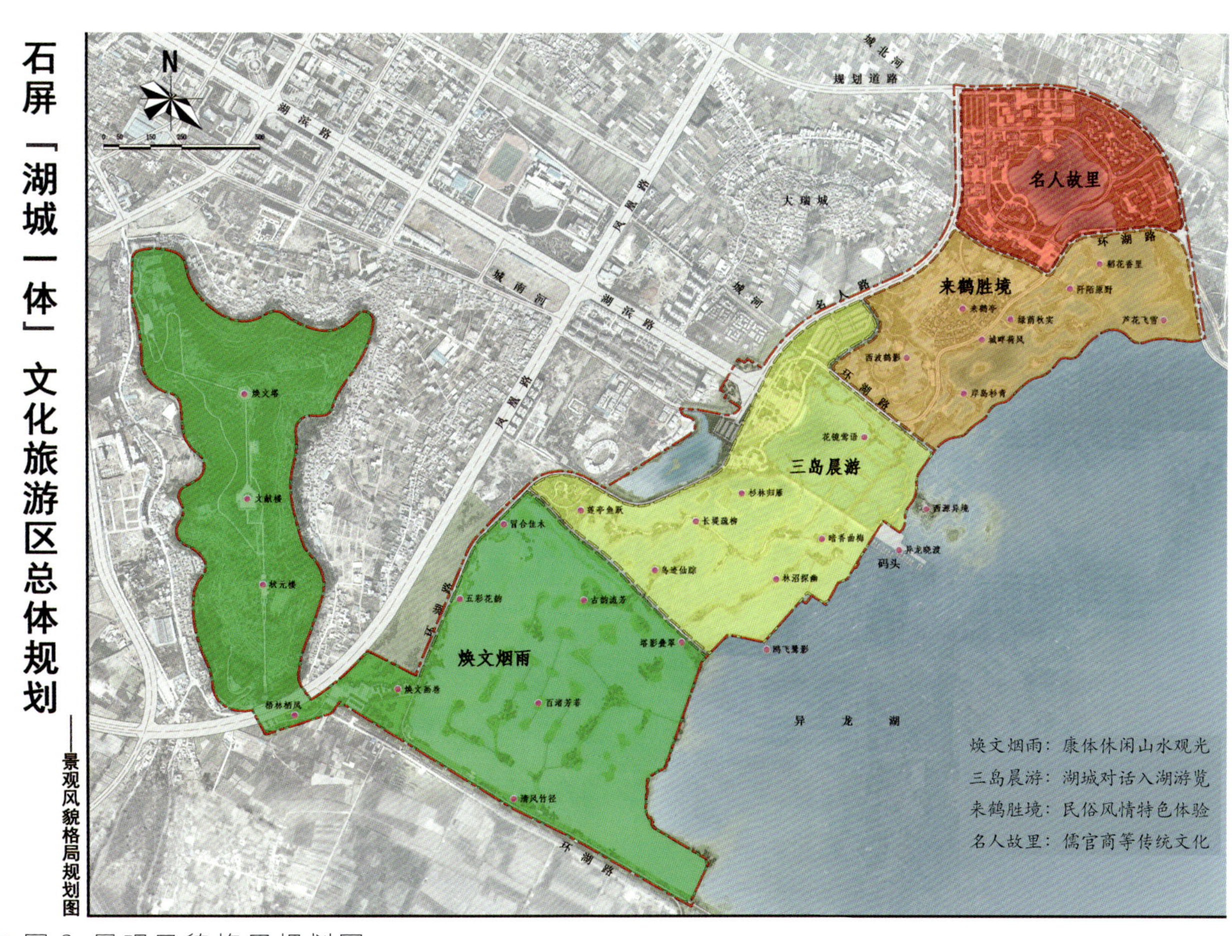

图 3 景观风貌格局规划图

图 4 项目主入口实施实景

验收，正式挂牌成为“国家湿地公园”。

项目主入口实施实景图如图 4 所示。

2019 年，石屏县共接待游客 375.9 万人次，同比增长 22%；旅游总收入 53.7 亿元，同比增长 25%。

2020 年 3 月，云南省人民政府办公厅发布了《云南省人民政府关于命名云南省美丽县城的通知》，石屏县被正式命名为“云南省美丽县城”。

2020 年 8 月，规划区正式获批为国家 4A 级旅游景区。

四大景区景观效果示意图如图 5 所示。

石屏“湖城一体”文化旅游区总体规划——效果图

图 5 四大景区景观效果示意图

石林大叠水景区概念规划

一 规划背景

随着人们对旅游休闲度假需求的增加，石林县在打造国际知名旅游城市的道路上，需要国际化、高端化、创新化、特色化的旅游产品来加持、支撑。

大叠水景区作为石林县的优势旅游资源之一，交通区位优势明显；以“水”为核心的瀑布、溪流、河流、沟谷等景观贯穿景区，极具特色。但是由于缺乏科学的规划与合理的运营，景区已闭园修整数年。在这样的背景下，如何充分挖掘区内的人文特色与景观风貌，因地制宜，做足、做透“水”文章，打造一个与石林景区互为补充、互相支撑又有差异性的转型升级示范产品是本次规划的重点。

二 规划策略

首先，大叠水景区在近年来的发展中，自身资源组合丰富，但缺少主题突出、辨识度高的旅游产品，导致其旅游资源“有名无实”；其次，游览设施不完善，致使其即使拥有突出的景观依然难以形成强势吸引核；此外，产品单一，盈利模式难突破，只关注旅游要素中的一个或几个环节，导致景区发展举步维艰。

本次规划从景区实际出发，着力挖掘景区的资源特色，在现有资源的基础上以“水”为核心，对规划区的水景观、水文化进行提升设计，依山就势将水的文章做足、做透；通过打造横向、纵向、静态、动态组合丰富的景观体系，形成主题鲜明、辨识度高的龙头产品。

在完成整个景区水景观、水文化的设计后，我们打破传统的“围墙景区”概念，突破“食、住、行、游、购、娱”六大旅游基本要素，融入商、养、学、情、奇、文、体、农等新要素，设计形成完整的旅游产品及运营体系；并针对不同层面的游客群体，制定出定位准确、核心吸引力凸显、充满“人文”关怀的个性化服务体系。

石林大叠水景区规划总平面图如图 1 所示。

在以上规划策略的指导下，大叠水景区以水文化为核心脉络，形成五个主题功能区：一是以游客服务、交通集散、后勤办公区等为主的门景区；二是以观光游览、

图 1 规划总平面图

休闲体验为主的观光产品功能区；三是以休闲度假、康体养生为主的度假产品功能区；四是以户外探险、游览体验为主的山地森林探险区；五是以休闲体验、互动娱乐为主的户外营地区。五个功能区在产品业态上相互补充、相互支撑，共同构成景区的产品体系。

三 规划方案

（一）定位理念

定位：以山水瀑布、田园风光为环境特色，集旅游、度假、休闲养生、户外运动为一体的综合性山水旅游度假目的地。

理念：以生态理念、创新理念、现代时尚理念、依山就势理念、可操作性理念进行规划。

（二）核心景观规划

首先以大叠水瀑布为核心，进行核心瀑布景观的规划设计。大叠水瀑布周边为陡峭的悬崖绝壁山体地貌，具备以山为背景，以水为点缀，打造山水瀑布群的基础条件。在山体上部，我们建议采用以沟渠水管引水、山体喷浆隔离防水等技术，从上游引水，以中国山水画的构图理念在大叠水瀑布两侧及周边的悬崖绝壁山体中设计众多高矮不一、疏密有致、组合丰富的山水瀑布群，从而形成以大叠水瀑布为主，周边小瀑布为辅，壮美秀丽的实景版中国山水画场景。

从大叠水瀑布顶到小叠水村的河道区域，同样以引水的技术，以山水画的构图理念在小叠水瀑布周边及河道两侧设计小瀑布、小溪流景观，形成沿河道横向水系和沿河岸两侧纵向水系的景观组合。

在完成核心山水瀑布景观的设计后，我们以核心景观为中心，在巴江河规划两个景观蓄水池。一方面，可以通过夜间蓄水、白天放水、旱季蓄水、汛期放水的形式调节水量。另一方面，还可以通过蓄水形成湖面景观、岛屿景观，打造横向的水景观体系，增加景观的丰富性。

从湖面景观向东北为巴江河。我们在最大限度保留其原生态的自然河流景观的基础上，建议对河道进行整理，形成河边沙滩、河中浅滩，为户外营地留下生态的亲水、戏水环境空间。

以核心景观为中心向北为清水河。清水河是典型的 U 型峡谷河流，谷内常年流水潺潺，水质清澈透明，两侧绝壁悬崖林立，谷中树木青翠浓绿。在现有的基础上进一步梳理，我们设计了众多的溪流、瀑布、浅滩，在两侧绝壁上设计垂直的溪流瀑布，形成景色宜人的亲水、戏水河流峡谷。

通过大叠水山水瀑布群核心景观的设计以及东、西、北三个方向水系的水景观重塑，在本规划中形成了“一山一水一世界、一步一景一精彩”的景观格局，在全国乃至世界的瀑布景观中都具有独特性和唯一性。

（三）分区规划（见图 2）

1. 门景区

从湖面景观向南，在门景区西北面规划设计一个恒定水位的生态水坝，形成由湿地景观为主，由岛和半岛组成的生态景观门景区。

以湿地生态环境为基础，规划设计游客服务区、彝族水街、民族广场、湿地休闲区、珍珠泉度假区等，满足游客服务、交通集散、餐饮购物等配套功能。

2. 观光产品功能区

以大叠水山水瀑布群核心景观为基础，进一步对沿河景观进行规划设计，形成了以下极富视觉冲击力和吸引力的观光游览产品。

■ 图 2 功能分区

水上森林：在门景区至湖面景观河面区域规划水上森林，在森林中规划观景台、休息亭和漂流码头停靠点等游憩设施，让游客漫步其中，陶冶身心，回归自然。

飞流叠瀑：在大叠水瀑布脚下的河面上规划游船项目。游客可乘游船近距离观赏体验大叠水瀑布，感受大叠水瀑布叠水喷云、声震山谷的壮观景象，夜晚还可以观赏以阿诗玛文化为主题的夜间山水瀑布音乐灯光秀。

湖光瀑影：在陷塘湖种植水生植物、水生乔木，形成湿地湖面生态景观，在湿地湖面中规划水边栈道，水上步行栈道、水上休息亭等游憩设施，游客可以泛舟湖上，近看湖光山色，远观飞瀑山峦。

清流溯溪：在清水河利用众多清澈的溪流瀑布、浅滩和峡谷生态环境规划生态汀步道、生态步行道等设施，让游客在溪谷中亲水、戏水、玩水，充分领略大自然的野趣。

全景观景：在清水河上游的地势高、景观视线好的位置规划 360°全景观景瞭望塔，塔内规划茶室、酒吧、简餐等项目，游客可边品茶、喝酒，边观赏绿水青山、云海日落。

3. 度假产品功能区

以观光产品体系为支撑，充分利用周边村庄及用地的特点，规划设计以下三个主题鲜明的休闲度假产品。

大叠水村——轻奢度假：大叠水村所在区域是观赏山水瀑布群的极佳位置，针对大叠水村现有民房进行提升改造和重建，我们规划了彝乡风情高端民宿、轻奢酒店、茶室、酒吧等度假产品。在村落下方台地位置，依山就势设计台地式度假酒店和无边际泳池。游客在酒吧、茶室、餐厅、阳台、泳池、卧室均能观赏山水瀑布群壮美景观，为游客打造全方位的视觉享受。

小叠水村——民俗度假：小叠水村前临大可河，后依田园风光，利用小叠水村现有村庄进行提升改造，我们规划了主题餐厅、特色客栈、农家乐等民俗旅游度假产品。在小叠水村后山田园中则以点状形式规划度假庄园，种植梨花、桃花、油菜花等花卉农作物，为游客营造一个世外桃源般的度假氛围。

野奢度假：我们利用规划区特有的地貌景观布局了三个野奢度假产品。一是利用大叠水村东侧悬崖规划设计的悬崖帐篷酒店；二是利用清水河西侧森林景观规划设计的树上酒店、树屋酒店；三是利用大叠水瀑布北面"仙人洞"规划设计的溶洞酒店。这三个度假产品，在酒店设计上粗犷野性，与大自然完美统一；在精神体验上奢华舒适，将艺术、文明与自然完美结合，为居住者带来独特而难忘的度假体验。

4. 山地森林探险区

规划区北面有植被完好的山体森林，是一个天然的氧吧。我们在该区域规划徒步登山、氧吧步道、丛林探险、瑜伽养生、森林浴场等户外康体养生项目，带给游客身、心合一的全方位体验。

5. 户外营地区

以大可河上游生态自然的河流、河边沙滩、浅滩为基础，结合周围的田园风光、丘陵森林风光，我们布局露营地、自驾车营地、房车营地等产品，同时在田园、河边、森林中规划自行车环线，串联各个营地；给游客提供自由、随意、放松，不同于城市快节奏的娱乐休闲体验。

（四）交通游览组织规划

我们以通达性、趣味性、舒适性为原则，对交通动线和交通游览组织规划设计（见图 3）。

游客在门景区码头乘船后进入湿地漂流区、水街漂流区、水上森林漂流

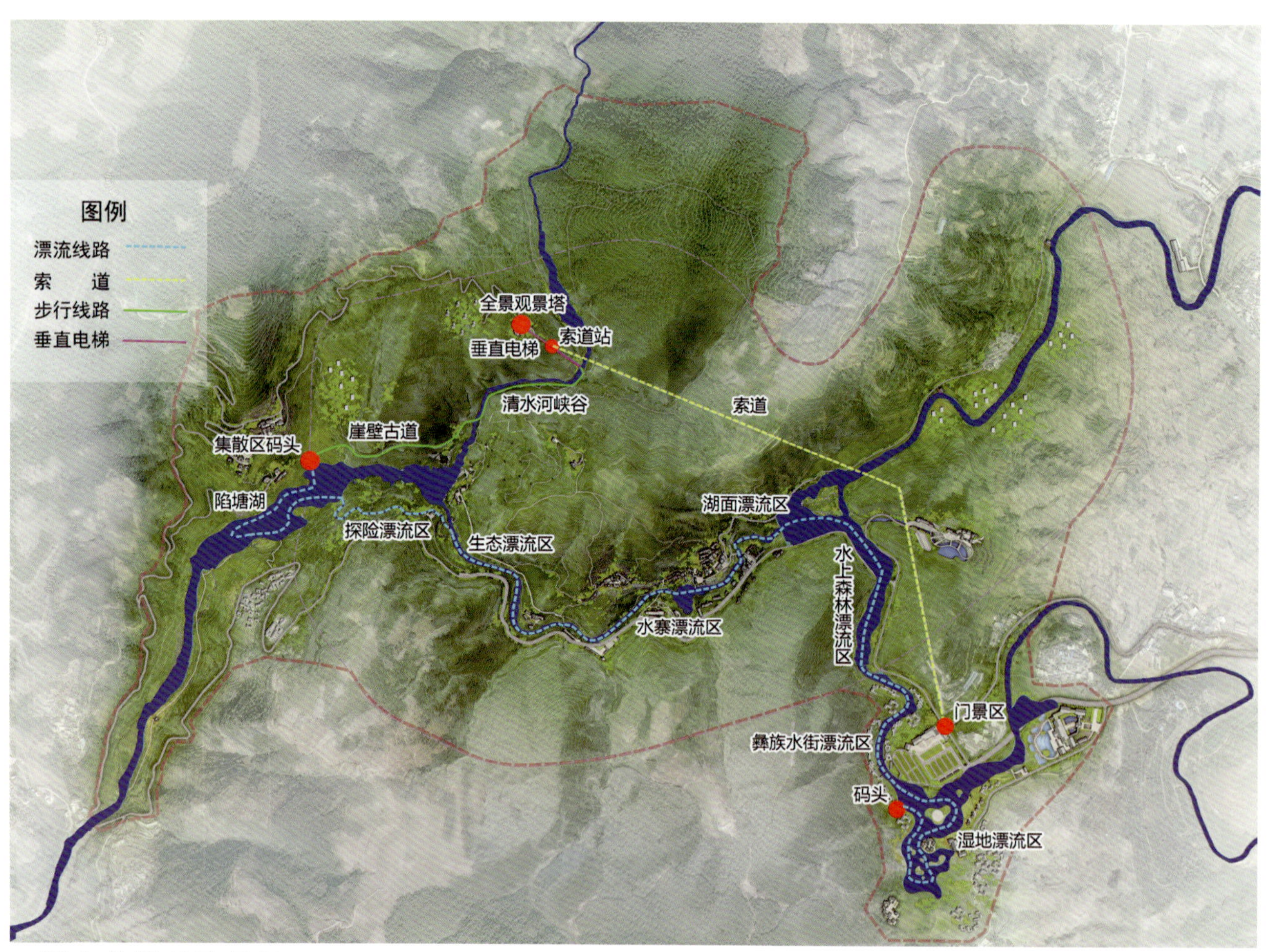

■ 图 3 旅游线路规划

区、湖面漂流区、水寨漂流区、生态漂流区、探险漂流区。探险漂流区是依托大叠水瀑布西面山体以分台式漂流滑道逐级漂流至底部的陷塘湖，壮观的山水瀑布群呈现在眼前，给游客豁然开朗之感。游客在陷塘湖集散区的码头下船后，从崖壁古道进入清水河峡谷，经垂直电梯，乘索道回到门景区。

水上漂流、徒步以及索道的设置构成了主游览动线，在本规划中形成以主游览环线带动五个功能区的总体结构布局。除白天的游览线路以外，为充分发挥景区内电站优势，我们对门景区到漂流区再到山水瀑布群的整个观光环线进行夜间灯光设计，开展漂流、观影、互动等夜间游览项目，形成夜间游览线路，丰富景区的游览结构。

四 结语

本次规划从景区自身实际出发，始终按照国内一流、国际知名、全球向往的山水旅游度假胜地的目标进行定位。项目产品特色鲜明，以游览体验、休闲度假、康体养生为主，弥补了昆明深度体验、特色度假旅游产品的市场空缺，与大小石林景区互相支撑，互相补充。其产品结构在一定程度上实现了从"观光游"向"观光游、体验游、度假游"三者并重的深度体验旅游转型，也是单一旅游向全域旅游转变的具体体现，最终促进石林县旅游产业整体的转型升级，拓宽石林县全域旅游发展的版图。

大叠水瀑布、小叠水瀑布现状如图 4 所示。

图 4 大叠水瀑布、小叠水区现状

山水、酒店效果图如图 5 所示。

图 5 山水、酒店效果图

夜景、酒店示意图如图 6 所示。

图 6 夜景、酒店示意图

德宏芒市勐焕银塔景区修建性详细规划

一 项目概况

德宏芒市勐焕银塔景区项目位于云南省西部，滇西腹地芒市市区，是芒市重要的旅游接待点。

项目规划总面积4.06公顷，建设内容为游客接待中心、公厕、停车场、休息亭廊、观景平台、道路设施、景观灯柱、景观塔灯、净水瓶、手印、智慧宝及财富宝雕塑、景观花瓶、景观莲花小品、汉白玉汀步石、正觉柱、景观艺术墙、八生肖雕塑、龙雕塑、银轮景观塔、花海象雕塑、吉象喷泉、景观石及景观绿化等。

德宏芒市勐焕银塔景区是德宏州芒市的重点文化旅游建设项目，由芒市文旅集团文化旅游产业投资开发有限公司负责投资运营。项目于2019年4月已建成投入使用，投入运营后每天吸引众多当地及外地游客，成为来芒市旅游的必游之地、网红打卡地和德宏旅游胜地之一。

二 规划背景

当前是云南省旅游业发展的转型时期。随着人们对美好生活的追求，高品质的文化旅游更为重要。芒市银塔景区项目将民族宗教元素运用于现代旅游景区设计中，能较好展示芒市丰富多元的文化。芒市银塔是继芒市金塔后的又一座佛文化与民俗文化交融的胜地，对于弘扬传承芒市历史文化、民族文化有重要意义。

三 规划思路

结合景区特有的地脉、文脉，规划设计团队深入挖掘传统民族文化、佛教旅游文化元素，赋予项目相应的主题内涵和个性特色，彰显民族文化、佛教文化旅游区的特色。

德宏芒市勐焕银塔景区游览规划以傣族园林文化为主题，以民俗文化、佛教文化为核心，通过建筑、庭院、园林载体展示文化、艺术、历史、传统、民俗、工艺等。项目是芒市城市品牌的核心形象展示区，历史文化的传承演绎区。项目设计本质是文化传播和民族文化的展示和体验，规划重点挖掘历史文化、傣族文化底蕴和佛教文化等，促进历史文化及民族文化的传承弘扬。

项目规划布局为“一环六区三十个节点”。

一环，即观光体验环：依山就势，步道、台阶、广场、平台、主体建筑、花海、小品、雕塑错落交替五千米。环绕银塔九千步，至尊归宁，致远淡泊。

六区，即大千世界入口区、手印善缘区、正觉广场区、银轮广场区、林间行云区、银塔花语区。

大千世界入口区：台柱高低错落，地涌金莲，虚实互换，世间万象，千姿百态。

手印善缘区：智慧宝，持定入慧；财富宝，因舍而得；手印林，以手示法，以戒为师。

正觉广场区：无我为尊、圆融共生，诸行无常、空间相应，狮吼震宇、尊胜无上。正心正行，和水尚水；生肖礼让，和美人生。

银轮广场区：地、水、火、风互缘相顺，十二因缘相续轮回，苦集灭道业力相随，菩提慧眼幻影婆娑，无所住而生心，遇当下能见自我。

林间行云区：南山依桥横霁虹，西望城隍铅华浓，北借苍穹三万里，东吟湖水啸长空。次取花丛懒回顾，半缘修道半缘君。五百年风吹，五百年雨淋；擦肩回眸，石莲化身。与卿执手，与子偕老。

银塔花语区：八万四千塔刹间，九象圣水流变泉，东来飞石瞻佛影，长亭花海栖霞心。圣洁融幻身，豁然空根尘，庄严全福德，自在听心声。远山烟波尽，近象花海前，金塔婆娑影，三宜得真心。

三十个节点：地涌金莲，经石无能动，同心花海，栖霞台等，如星罗棋布于六区，鳞次栉比，不胜枚举。

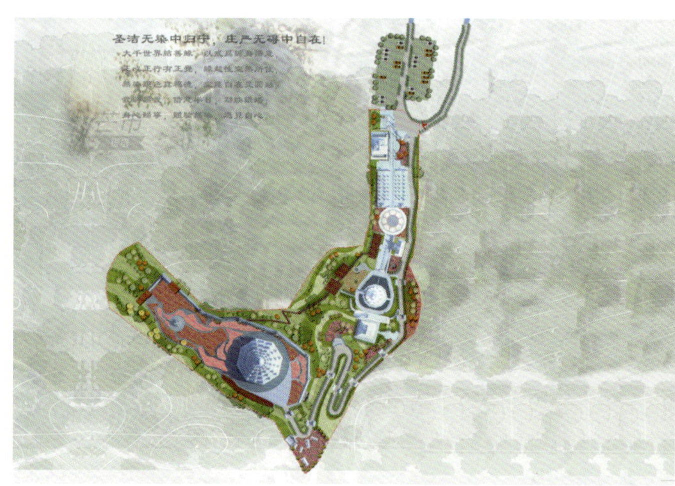

图 1 项目总平面图

图 2 项目鸟瞰图

四 项目设计特点

规划以傣族传统文化为灵魂主线，传统植物花卉点缀其间，用景观和植物语言来诠释傣家的信仰、文化，形成一个民族文化体验，禅修体验，具有民俗、民风教化功能的纯粹场所。

项目总平面图、项目鸟瞰图如图 1 、图 2 所示。

通过挖掘、总结、提炼民族宗教元素，我们在项目设计中化繁为简，景观及建筑统一采用单一的白色来表达纯粹、归宁的意境。纯色圣洁无染，以景喻禅，纯色无染，圣洁庄严，酣畅淋漓中尽展傣族园林文化，集中展现傣族园林文化。

建筑特色：勐焕银塔景区主体建筑运用民族宗教元素，以勐焕银塔作为背景，打造芒市傣乡佛国文化景区。入口区建筑风格上采用了传统傣族建筑风格带状布局而成，形式上主要采用了傣族传统建筑中的硬山屋顶、重檐封檐板、纯白建筑、错落有致的墙面等传统手法，体现了建筑古朴纯净的感觉。连廊式建筑时收时放，在建筑空间形态上形成挤压与释放上的交替，再现传统廊道宽与窄的空间肌理，同时随着自然光的照射，形成"龙潭一线天"的强烈视觉效果，生动地表现了廊道的空间形态和观景平台布局的独特魅力。林间行云区中的藏经阁、硬山交错屋顶，入户前院，山墙面采用了傣族最具有代表性的屋脊及吻兽，既能与整体建筑风格协调统一，又能表现其独特的艺彩山墙，求同存异，略带变化，增强了建筑大屋面的塑形效果，丰富了山墙立面的感染力。

小品特色：雕塑小品的设计均以傣族园林文化、民族文化呼应，色彩上以自然化、乡土化、生态化为指导原则，掩藏或点缀在林中，选取用石、木等砖混塑造材料，与周围环境融为一体。如在林间行云区设些白象、大石可点缀景致，营造古朴典雅的民族民风气氛，展现傣族生活场景。

植物特色：五树六花，观"五树"圆融，悟"六花"妙义，人文之美与自然之美在这里交汇、融合、升华。行于廊道上，坐于古树下，感受和谐与宁静。

勐焕银塔景区的规划设计，恰到好处地把民族宗教元素运用到景区当中，"一种文化，一组建筑"，具有民族特色、宗教精神，礼仪景观与生态景观结合，现代文化与历史文化交融、和谐共生，加之步移景异的空间体验，形成了更具特色的文化景区，继承、弘扬了传统文化。

日落西山，雁过晚霞，一个别样的芒市展现在你我眼前。漫步于银塔景区，内心便归于宁静，观水中景，赏镜中影，如梦如幻；穿过半缘栈道，方见银塔真容，银塔剔透玲珑，纯色无染；走过繁星点缀的长亭花海，立于栖霞台，可将芒市尽收眼底，观此美景，铅华落尽，从容自在。

项目实景图如图 3 所示。

图 3 项目实景图

大理古城旅游度假区总体规划

一 项目理解

大理古城旅游度假区位于大理国家级风景名胜区和大理国家级历史文化名城的核心区，以大理古城为中心，辖区面积 45.42 平方千米，规划总人口 20.9 万人。2020 年，大理古城旅游度假区成功入选文化和旅游部认定的国家级旅游度假区。

大理古城旅游度假区创建国家级旅游度假区，是落实云南省绿色发展“三张牌”战略——打造“健康生活目的地牌”和建设“大滇西旅游环线”的要求，同时也是大理古城旅游度假区提质增效、实现高质量发展的必然选择。

大理古城旅游度假区按照全域旅游发展的理念，全面融入大滇西旅游环线，依托大理国际一流、世界知名的旅游胜地资源及品牌，打造以大理古城历史文化体验、白族风情体验和高原湖滨康养度假为核心的国家级旅游度假区；通过提升度假酒店及度假产品，培育业态品牌及人文环境，完善公共服务及智慧旅游设施，创建全产业、全时空、全要素、全社会参与的云南旅游业转型升级示范区。

大理古城度假区联动发展示意图如图 1 所示，项目技术路线如图 2 所示。

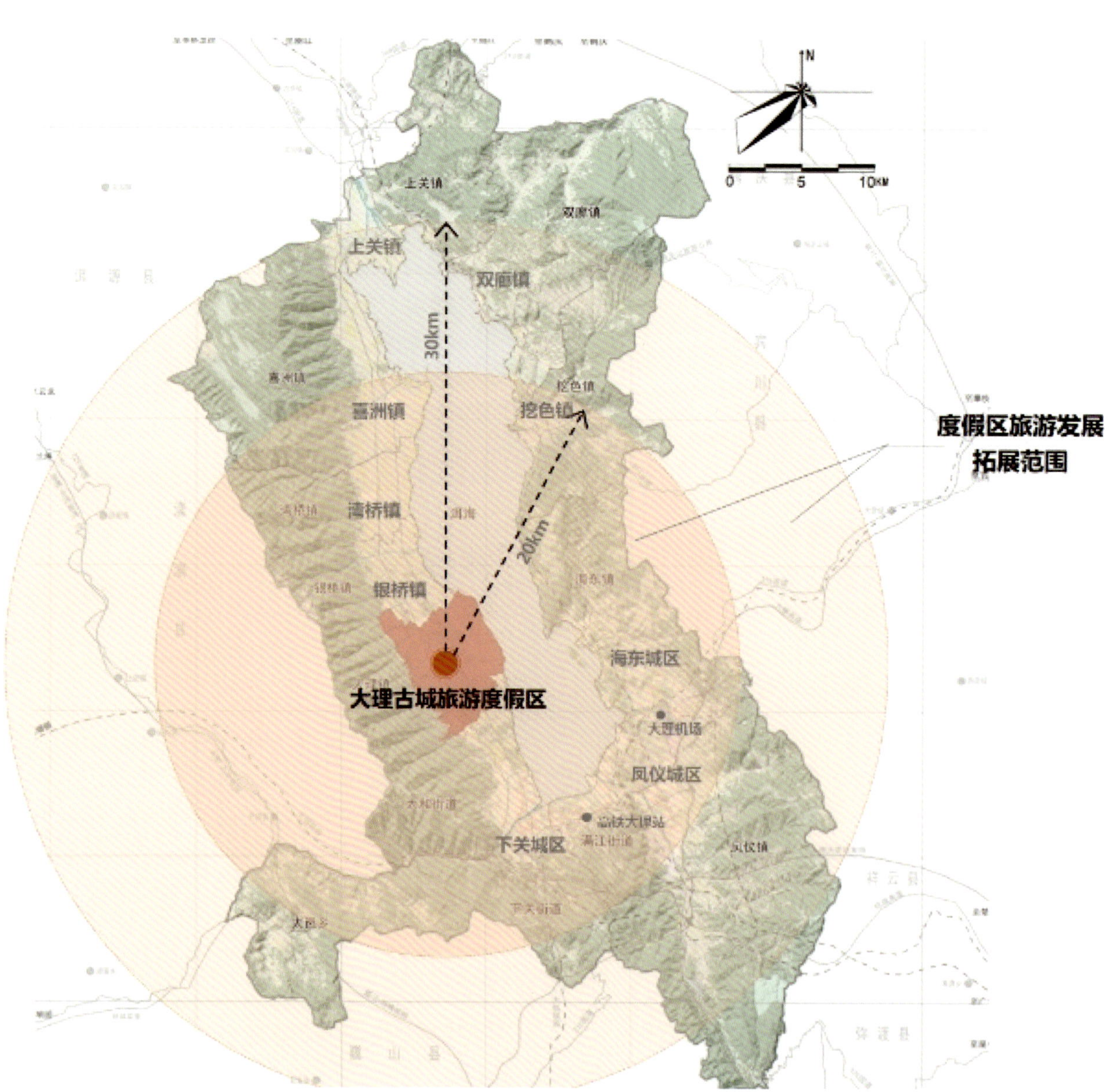

■ 图 1 联动发展示意图

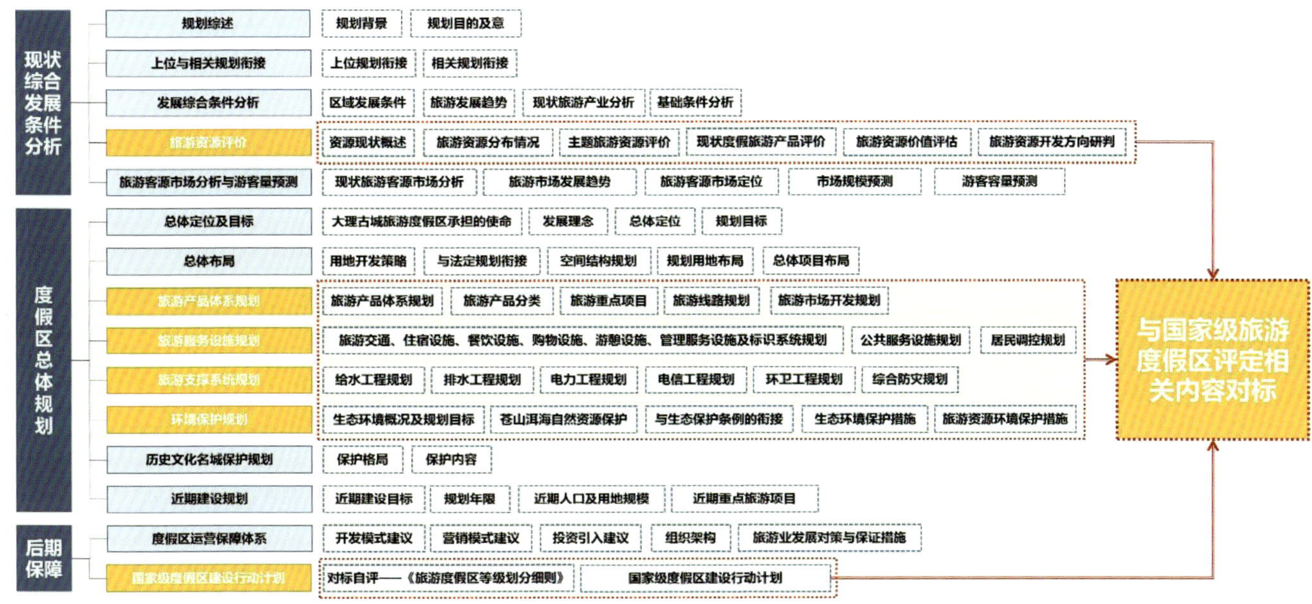

图 2 项目技术路线

规划以问题为导向，从资源条件及旅游服务水平、文脉传承与资源保护、地方事权与旅游管理的行政管理等方面存在的问题进行分析。同时，对标国家级旅游度假区，按照创建工作的总体要求，制定规划编制技术路线。总体成果形成三大篇章，分级、分类对标国家级度假区创建。

二 项目创新亮点

本次规划从规划综述、上位与相关规划衔接、发展综合条件分析、旅游资源评价、旅游客源市场分析与游客量预测五个方面对规划范围内的目前综合发展条件进行了分析。明确项目已具备国家级度假区创建条件，但现在的发展仍存在一定问题。针对现在存在的问题，规划从总体定位及目标、总体布局、旅游产品体系规划、旅游服务设施规划、旅游支撑系统规划、环境保护规划、历史文化名城保护规划等多个方面，对标国家级度假区创建要求，提出相应规划策略（见图 3）。

1. 针对生态空间与城镇空间交叉，历史文物亟须保护的问题，提出坚守环境保护底线，促进生态旅 游发展的规划策略

首先，大理古城旅游度假区西靠苍山，东临洱海，随着《洱海保护管理条例》《洱海海西保护管理条例实施办法》《苍山保护管理条例》的提出，度假区面临着严苛的生态保护要求。其次，度假区内有大理古城、崇圣寺等著名历史文化景点，度假区建设应严格落实历史文化名城的保护要求。因此，在生态安全的格局之下进行量化发展，合理开发建设用地，是本次规划必须解决的底线问题。规划主要从以下四个方面进行控制与引导，保障生态安全的格局。

（1）与国土空间规划相衔接

本次规划严守生态红线、基本农田保护线及城镇发展边界，根据生态底线、城镇发展边界和大理镇行政边界确定本次规划范围。

根据法定规划中的土地利用规划确定本规划用地布局，并与重要旅游项目衔接，进一步细化用地规划。

（2）与历史文化名城规划相衔接

度假区规划范围内包含大理古城历史文化名城、历史文化街区、多个文物保护单位与历史建筑。本规划依据《大理历史文化名城保护规划》中大理古城三条保护范围线的保护要求进行细化落实。

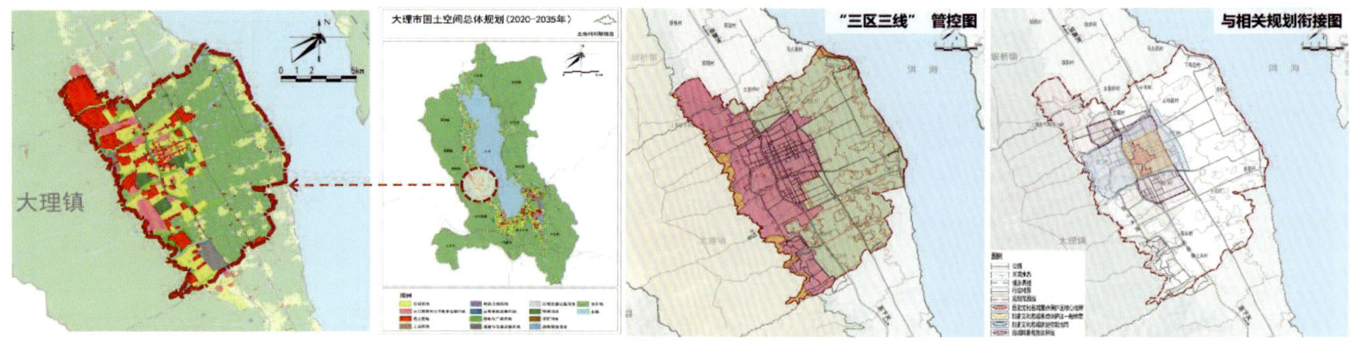

■ 图 3 生态保护底线相衔接示意图

（3）与《大理苍山洱海国家级自然保护区总体规划》相衔接

大理古城风景名胜区包含大理古城片区和崇圣寺片区，位于度假区的中部位置。本规划范围内建设用地严守各生态保护底线，建设用地均未侵占古城风景名胜区。

（4）与生态保护条例及生态保护底线相衔接

规划严格落实《洱海保护管理条例》《洱海海西保护管理条例实施办法》《苍山保护管理条例》《大理市国土空间规划》的要求，度假区内旅游发展空间主要集中在西部苍山海拔 2200 米以下的建成区域，海西田园及村落主要发展生态农业及休闲观光旅游业。

2. 大理古城旅游度假区面临开发利用与保护治理相矛盾的问题，规划合理引导空间布局，从海向山转移业态

大理古城度假区拥有苍山、洱海、大理古城、崇圣寺等丰富的自然生态、历史文化资源，如何在开发利用的同时保护资源的完整性，协调好生态与经济效益的关系，也是规划需要解决的核心问题之一。规划功能分区明确，合理布局用地，指导重点旅游项目落地。沿苍山大道一带为度假区主要发展轴线，有效引导旅游项目由海西向苍山一带集中，引导度假区的发展"从海向山"，疏解海西沿线承载压力，践行洱海治理工作，响应生态保护要求。合理的空间布局使得度假区在满足环保要求的同时保持了业态完整性，协调好经济效益与生态效益的关系。

功能分区与项目策划如图 4 所示。

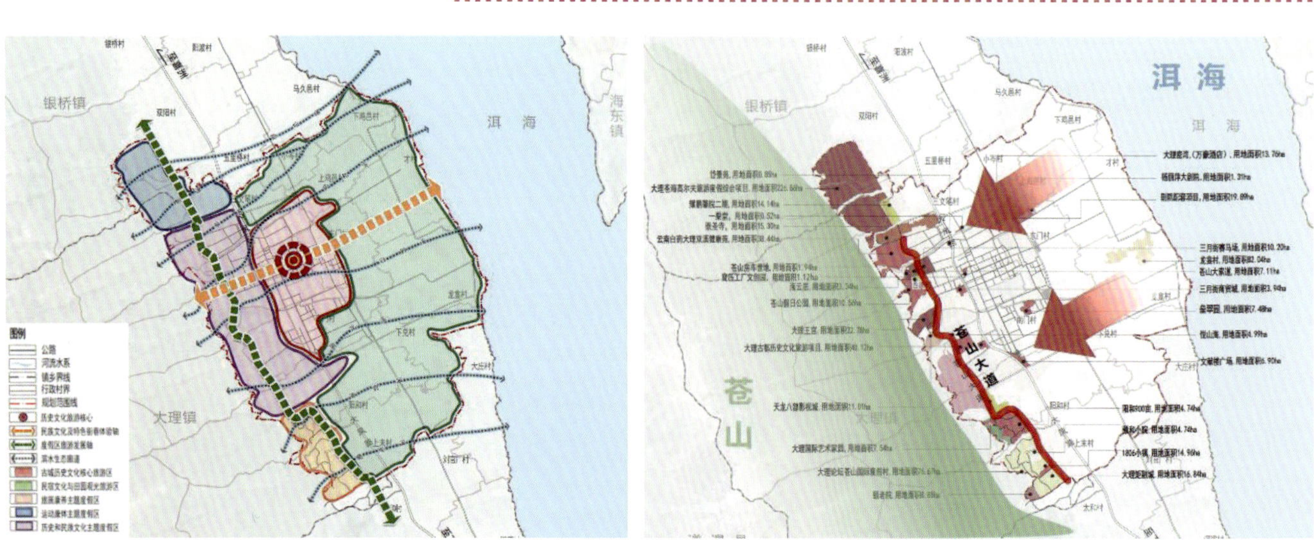

■ 图 4 功能分区与项目策划

3. 大理古城旅游度假区优质资源与旅游产品不匹配，规划通过解析重构禀赋资源，塑造度假文旅 IP

度假区以"苍山洱海、大理古城、白族风情"为资源特色，是滇西旅游环线中集高原湖泊、历史文化、民族特色优势资源为一体的度假区，但现有旅游产品缺乏整体策划，不能充分展示优越的本底条件。

规划对现存旅游项目和拟建旅游项目进行资源的解析与重构，塑造以休闲度假产品为核心的文旅大 IP，从而支撑度假区完成创建工作。

根据《旅游度假区等级划分》（GB/T 26358—2010），大理旅游度假区现在已开发及较具开发价值的度假旅游资源点共 48 个，涵盖了 2 个主类，7 个小类。

结合《旅游度假区等级划分细则》中国家级旅游度假区的评定标准，大理古城度假区以主题资源与休闲度假资源作为发展基础，大力培育文化体验、康体度假、运动健身、生态体验和精品夜游等旅游产品，构建完善的以休闲度假为核心的旅游产品体系。

旅游产品示意图如图 5 所示。

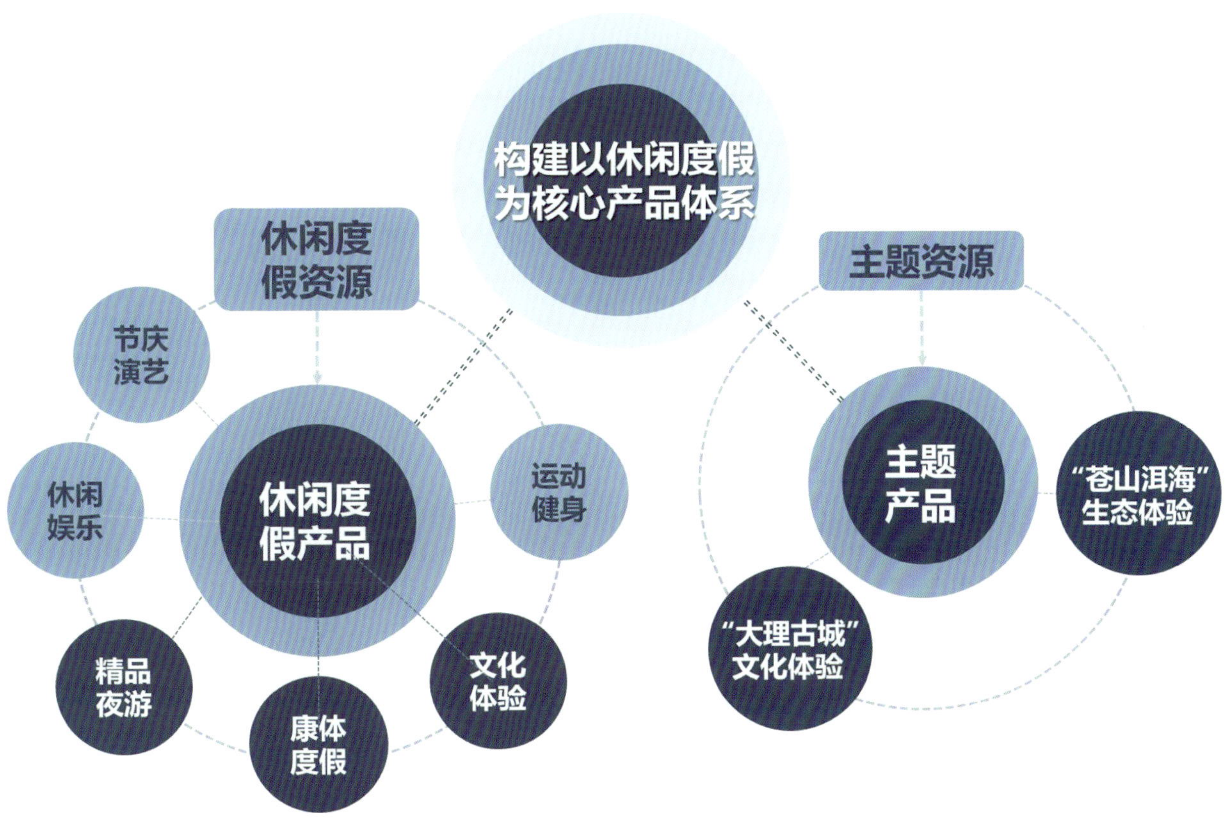

图 5 旅游产品体系示意图

■ 图 6 旅游资源及产品分类

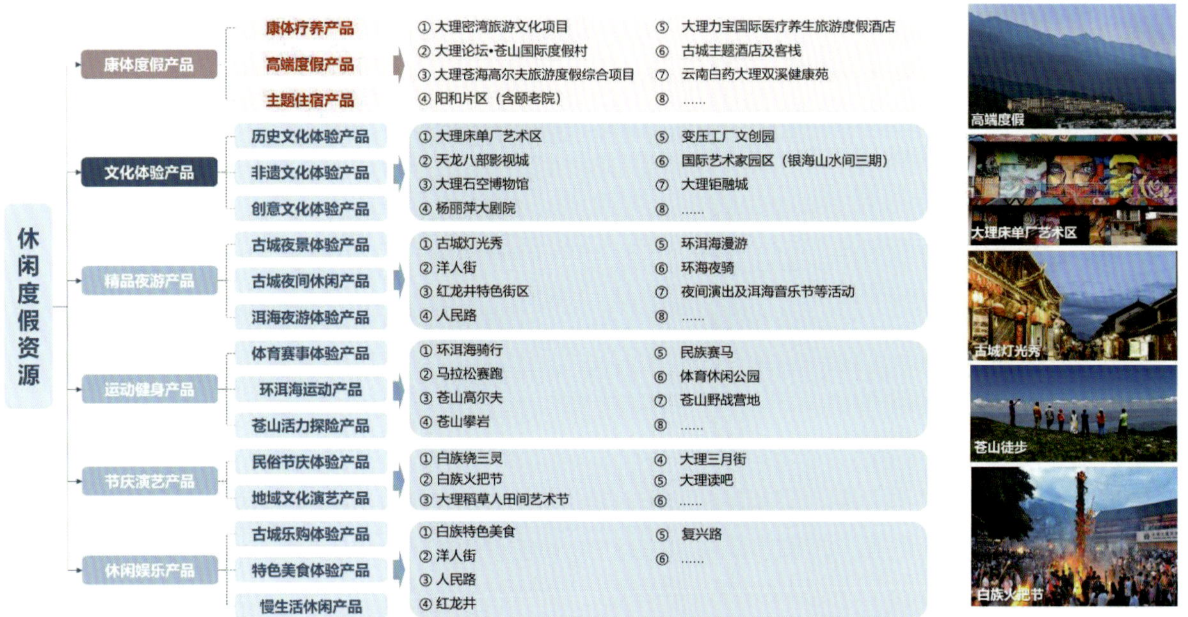

■ 图 7 休闲度假资源及旅游产品示意图

旅游资源及产品分类如图 6 所示。

休闲度假资源及旅游产品示意图如图 7 所示。

4. 大理古城旅游之外度假区城乡发展与旅游发展路径交叉，规划通过整合城乡规划要素，实现旅游资源共享

度假区规划范围经过 4 次调整，此次规划范围与大理镇的行政管理范围相重叠，规划不仅要满足旅游发展的需求，还要兼顾城市居民的生活需求。因此，此次旅游总规除了需要对旅游资源、旅游服务设施等内容进行谋划之外，还需要对大理镇的城乡空间、基础设施建设进行统筹规划。本次规划从盘活用地，存量发展；创新成果，兼顾需求；量化指标，科学发展方面对大理古城旅游度假区辖区范围内的城乡空间布局、设施建设方面进行统筹布局。

盘活用地，存量发展——规划以存量发展为原则，对内部闲置用地进行再利用，合理适当地进行旅游空间的开发建设。在度假区环境的可承载范围内，合理适量地进行旅游空间建设，推动旅游业发展的同时，保障当地居民的基本生活空间。对闲置用地进行再利用，注入研学、文创等新元素盘活提升老旧景区、废弃厂房等用地；利用空心村打造乡村民宿，推动乡村旅游发展；对老旧建筑进行拆除，拆除用地将作为远期城镇发展的备用地。

创新成果，兼顾需求——既是服务游客的旅游规划，也兼顾城乡规划内容，成果内容涵盖面更广；按照"生活圈"配置要求，规划布局用地布局、道路交通、公共服务设施、旅游服务设施等基础设施，兼顾游客、居民、村民的需求，并根据实际情况增加了居民调控规划。

量化指标，科学发展——围绕国家级旅游度假区创建工作，紧扣国家标准，通过制定指标体系指导度假区科学发展；在体现数字化经济发展目标的同时，追求更加注重人民福祉的高质量发展目标。

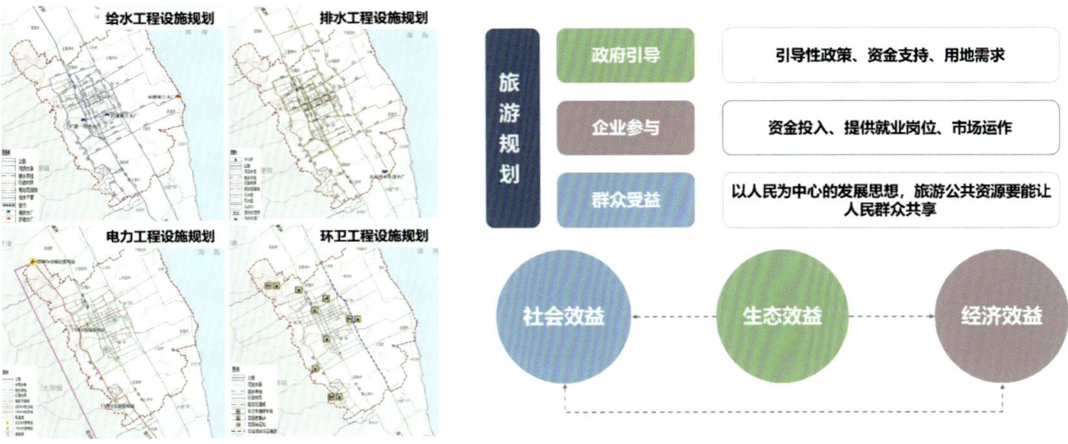

图 8 城镇支撑及效益示意图

表 1 规划指标体系表

	指标内容	2025年规划指标	2035年规划指标
1	旅游接待人数（万人次）	2045.7	2241.4
2	主题产品的规模能过夜游客需求的比例（%）	≥85	≥90
3	达到三星以上标准的旅游厕所比例（%）	≥60	≥70
4	自然植被绿化覆盖率（%）	≥70	≥72
5	建成区平均绿地率（%）	≥50	≥52
6	城市空气质量优良率（%）	≥100	≥100
7	城市水环境功能区水质达标率（%）	≥100	≥100
8	公众对城市生态环境的满意度（%）	≥95	≥95
9	公众对城市人工环境的满意度（%）	≥98	≥100
10	自来水普及率（%）	≥100	≥100
11	城市污水处理率（%）	≥100	≥100
12	生活垃圾无害化处理率（%）	≥100	≥100

表 2 强制性指标总体评价表

	指标内容	自评情况	是否达标
1	应具有明确的空间边界和统一有效的管理机构。国家级旅游度假区面积应不小于8km²；省级旅游度假区面积应不小于5 km²。	具有明确的空间边界，有统一有效的管理机构——大理省级旅游度假区管理委员会。**创建范围为大理古城及周边区域约45.42km²。**	达标
2	应具备至少3 个国际品牌或国际水准的度假酒店。	**7家：**大理实力希尔顿酒店、苍海高尔夫酒店、大理海纳尔·云墅度假酒店、风花雪月大酒店、大理红龙井酒店、大理梦蝶庄酒店、大理古城漫悦王家院。此外还有2家在建国际品牌度假酒店。	达标
3	国家级旅游度假区住宿接待设施总客房数应不少于1000间，省级旅游度假区住宿接待设施总客房数应不少于500间。	度假区共有住宿接待总客房数：**24491间，38598张床位。**	达标
4	旅游度假区内用于出售的房地产项目总建筑面积与旅游接待设施总建筑面积的比例应不大于1：2。	旅游度假区内用于出售的房地产项目总建筑面积与旅游接待设施总建筑面积的**比例0.13：1。**	达标

旅游策划篇

旅游策划思维贯穿于旅游规划全过程，优质的旅游策划应兼具前瞻性、科学性与可操作性的特点，把握理性分析与感性的凝练。云南旅游发展四十年中，一些优秀策划方案助推当地旅游发展实现突破。而在当下文旅融合及消费多元化趋势下，期待旅游规划设计者们为云南旅游发现、创造新的价值。

《丽江市吉北科旅游策划及概念规划》以业主诉求和现实问题为导向，为丽江市吉北科村提出一种迎合当下旅游市场消费需求的解决方案。在云南省提出规划建设“大滇西旅游环线”这一背景下，《大滇西旅游环线剑川策划方案》提出了剑川县发展重点和路径，并提出以生态修复项目推动剑川生态旅游格局建设。《滇越铁路旅游开发策划方案》基于滇越铁路这一线性文化遗产品牌，重点对分段差异化定位与发展进行了规划研究。

本篇章编录的规划项目有：

丽江市吉北科旅游策划及概念规划

大滇西旅游环线剑川策划方案

滇越铁路旅游开发策划方案

丽江市吉北科旅游策划及概念规划

导语

中国乡村旅游现在的发展状态是畸形而混乱的。一是畸形的繁荣，因为数量剧增而陶醉在一片“欣欣向荣”之中；二是畸形的同质化，在大量而快速的发展下，生搬硬套已有的设计规划方案已经成为一种快速的“专业”手段，导致开发和建设因缺乏当地的特质而呈现出大量商业化、复制化的旅游景区。

乡村旅游的复兴与可持续发展，不仅需要本土化表达，也需要能接轨时代的创新，二者是不冲突的。但是，如何跳出如今这个狭隘的圈子，在乡村旅游爆发的背景下，建立生态和旅游的真实联系，打造可落地、好运营、高收益的目的地是一大重点。

一 项目概况

吉北科村位于丽江市石鼓镇周边，毗邻丽江与玉龙雪山等热门景点，村内山清水秀、景色宜人，且尚未经过人工开发，可以说它是一块未经雕琢的上等璞玉。

吉北科村距离石鼓镇仅 30 分钟车程，距离丽江市仅 1.5 小时车程，然而村子的入口并不在交通要道的边上，道路状况较差，绵延冗长，限制了到达村子便利性的同时也保障了吉北科村的天然景色风格。

吉北科村三面环山，面朝百亩桃林，村民以种植雪桃为主要经济收入，静谧安适，过着悠然自得的慢节奏生活。整个村子仅 18 户人家，作为传统度假旅游目的地，明显承载力不足。

二 项目诉求

根据市场分析以及与业主的沟通情况，本案主要有三个诉求。

（1）在有限的资源条件下，如何明确旅游项目的功能布局，梳理空间，打造优质景区；

（2）如何有效利用稀缺资源，塑造旅游吸引力，增加项目的核心竞争力；

（3）从落地设计出发，通过合理的规划与建筑景观设计实现策划内容。丽江古城属世界级文化旅游资源，头顶三大桂冠，已经站在了国际舞台之上，其地位远超其他城镇。

三 解决思路

1. 明确定位，因地制宜打造自然极致微度假目的地

随着经济的发展，游客对旅游的要求也日益增高，除传统的美食、美宿、美景外，游客更追求内在的自然、自由与自我。而丽江周边的度假产品多是依附于景区存在的农家乐、民宿和星级酒店，缺乏一些具有独特吸引力的小众化产品。

由于交通不便的因素，吉北科村现在并没有被游客发现，所以原乡原味的绝美风光、接地气的乡野滋味与宁静淳朴的气质保留完好，称得上是未经人工开发的桃源仙谷。恰好满足了游客对于回归自然、追求自由的渴求。

因此，项目以稀缺性为立足点，打开市场缺口，以消费力旺盛的中产阶级为目标客群，打造一个小体量、优品质，拥有极致服务的高溢价度假产品。未来的吉北科村将是一个以高端原乡民宿为特色，以极致生活美学为导向的自然极致度假目的地。

在策划指导下，我们将原生美学的概念引入规划设计理念中，原生美学是指融合自然美学、力学的设计理念，不刻意追求潮流，利用原生的美学叙事方式来表达栖居在自然宁静中的追求。我们梳理了整个村落空间的资源，根据故事线将村落分为五大板块：云起、入画、暗香、问闲和缱绻。同时明确了以下三条规划策略（见图 1、图 2）：

投资主体：以政府为主导的建设提升，以企业化、市场化的运营管理，融合市场资本。

■ 图 1 五大板块示意图

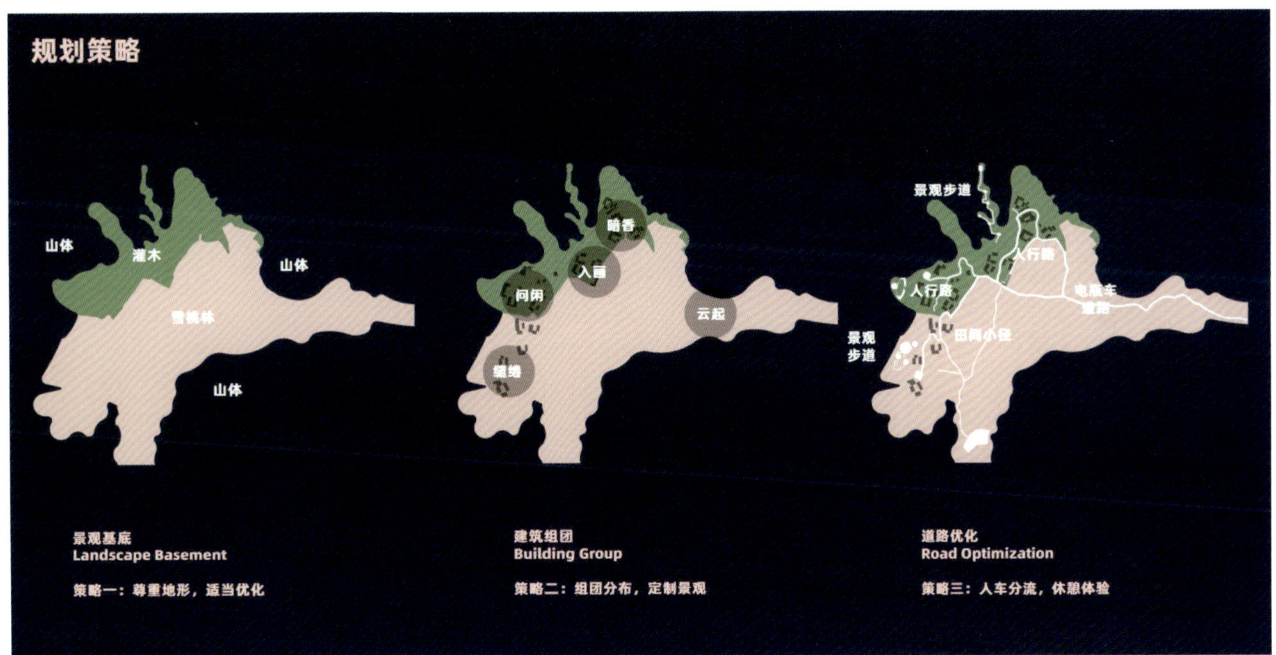

■ 图 2 三条规划策略

策略一：尊重地形，适当优化

依据现有地形，梳理景观基底，确定景观空间形态、空间造型与美学特征。

策略二：组团分布，定制景观

建筑依据"入画""暗香""问闲""缱绻"组团布局，不同的组团代表了不同的功能；

"入画"将原篮球场处改建发呆亭以及其他公建业态；

"暗香"以传统工艺及桃花衍生品为源，打造生活主题民宿区；

"问闲"设置多种慢时光业态，打造休闲主题民宿，满足游客追寻闲暇的渴求；

"缱绻"在最高处打造可以一览众山小的景观平台与高端民宿。

策略三：人车分流，休憩体验

优化道路系统，丰富原来指向性单一、流动感较差的道路规划成网络交织，交流空间丰富。

2. 立足天然生态优势，打造独有 IP

在本项目中，通过对整个项目场地的考量，我们摒弃了传统旅游中常见的乡村综合体、旅游小镇等形式，以原生美学为设计导向，打造"未见"自然轻奢度假目的地品牌 IP，丰富和完善旅游产品的内涵和价值。一个好的 IP 在旅游产品的打造和传播拓展上有着无可比拟的优势。

未见，指为了遇见更好的生活。是指那些过腻尘嚣烦躁的人，渴望遇见心中向往的纯粹、真实、平淡、质朴的生活。定位于城市高净值人群、世界旅人与极致美学追求者。既可以单一运营，也可以整体打造，形成联动。

以资源本底而言，吉北科坐拥得天独厚的天然自然景观，但入口交通不便，鲜为人知。因此如何塑造旅游吸引力，是一个非常难的课题。"未见"的品牌 IP 立足于吉北科天然生态优势，来源于深入挖掘当地文化，探寻目标人群心理，追求个性化定制、极致化服务、满足差别性诉求。有效搭接"颜值经济"的需求，构建人与自然的融合，现实与理想的共生，心灵和生活的契合。

3. 策划、规划、设计相辅相成、互为依托

优秀的方案设计是注重个人情感表达和情感理性过程的，本项目试图勾起每一个人对吉北科的无限缱绻之情，于是我们重构了项目的原始景观，将情感序列变为空间序列，通过建筑改造和景观的差异化配置设计了五个层次分明、表达不同的特色区域，使原本不大的吉北科村在以桃花林为主导的景观中，拥有了不同的欣赏角度和欣赏态度。

（1）景观设计

入口是进入景区产生仪式感的重要节点。为了使游客产生仿佛《桃花源记》中一般，通过层层迷雾到达一个仙境的代入感，特在景观设计上通过蜿蜒的路径空间设计与整个村子的空间进行配合，同时消除入口的冗长感，增加观赏趣味。

利用大片的桃林引导游客的视觉错觉，营造"云起"的仪式感，依凭得天独厚的地理环境，搭配远处村子的屋顶，通过暗示引导游客心理，勾起游客的好奇心。

为保障吉北科村一年四季都有风景如画的景观观赏效果，在不影响原生态环境的原则下，以春粉、夏绿、秋红、冬黄的颜色主题，在山地与桃花林之间的空地种植景观形态好的乔木。

（2）建筑设计

在分析建筑与桃花林、山林与田地的关系之后，深入挖掘当地代表性的建筑元素，如木楞房、悬鱼、灰瓦和白墙等。然后以现代的空间形式重构传统元素，以当代建造方式实现地域性的表达，以乡村材料塑造高雅的生活品位，以淳朴的乡间格局营造品质服务。

以"暗香"组团的民宿改造为例

① 设计理念

暗香意指"暗香浮动月黄昏"，将景观与建筑高度融合，即在建筑室内能欣赏独有的私家景观，整体建筑也融入整个大景观中。通过对不同景观面的考量来设计丰富有趣的空间结构，以达到步移景异的景观效果与"可见不可达，可达不可见"的空间效果。

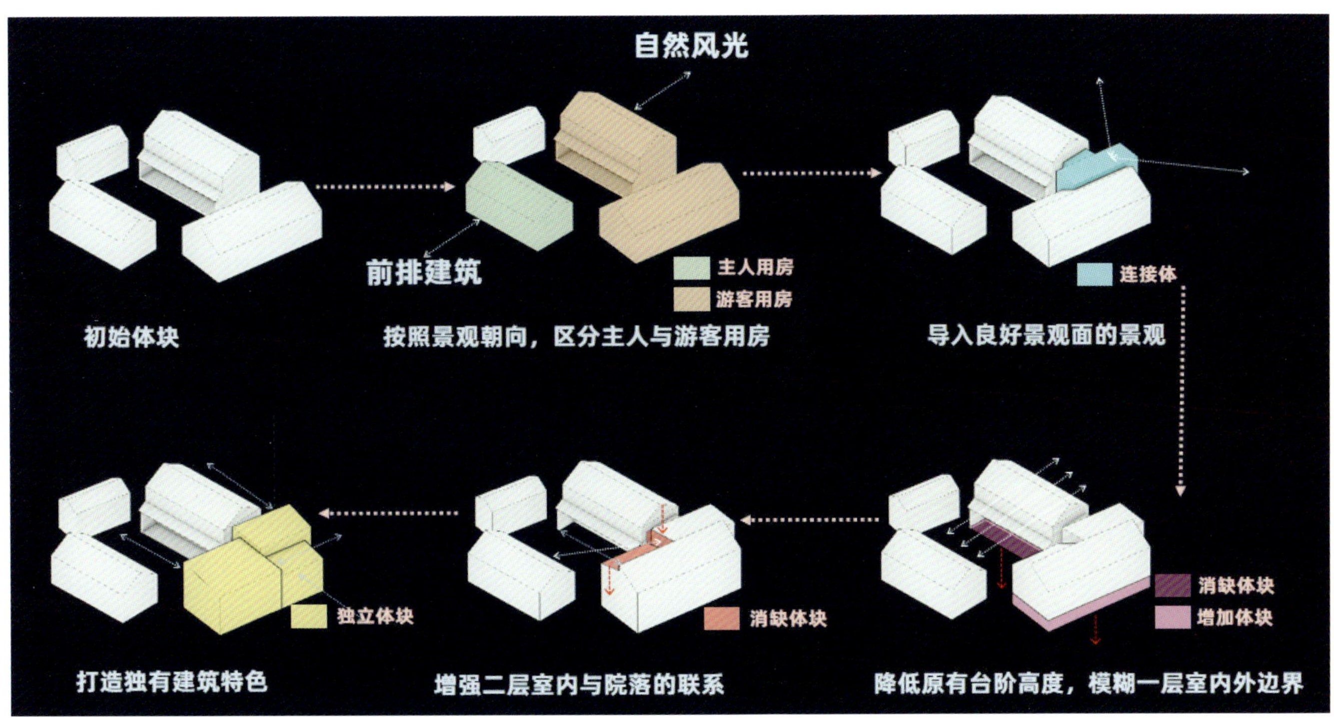

图 3 “暗香”组团体块生成

② 体块生成（见图 3）

保留并增强传统民居的核心内院，增强内敛式的空间属性。

以丽江传统“四合五天井”的院落形制为原型，设计多个院落组成的空间层次结构。打破建筑气候界面对室内室外的定义，将自然院落引入建筑空间，模糊室内外边界。利用建筑围合与景观树木形成一个独立的枯山水观赏院落，利用窗台檐口等线性空间，放置芳香性植物，打造暗香氛围。

③ 流线分析（见图 4、图 5、图 6）

模糊室内外界限，将建筑一层室内空间院落化，增加院落至二层楼梯，增强空

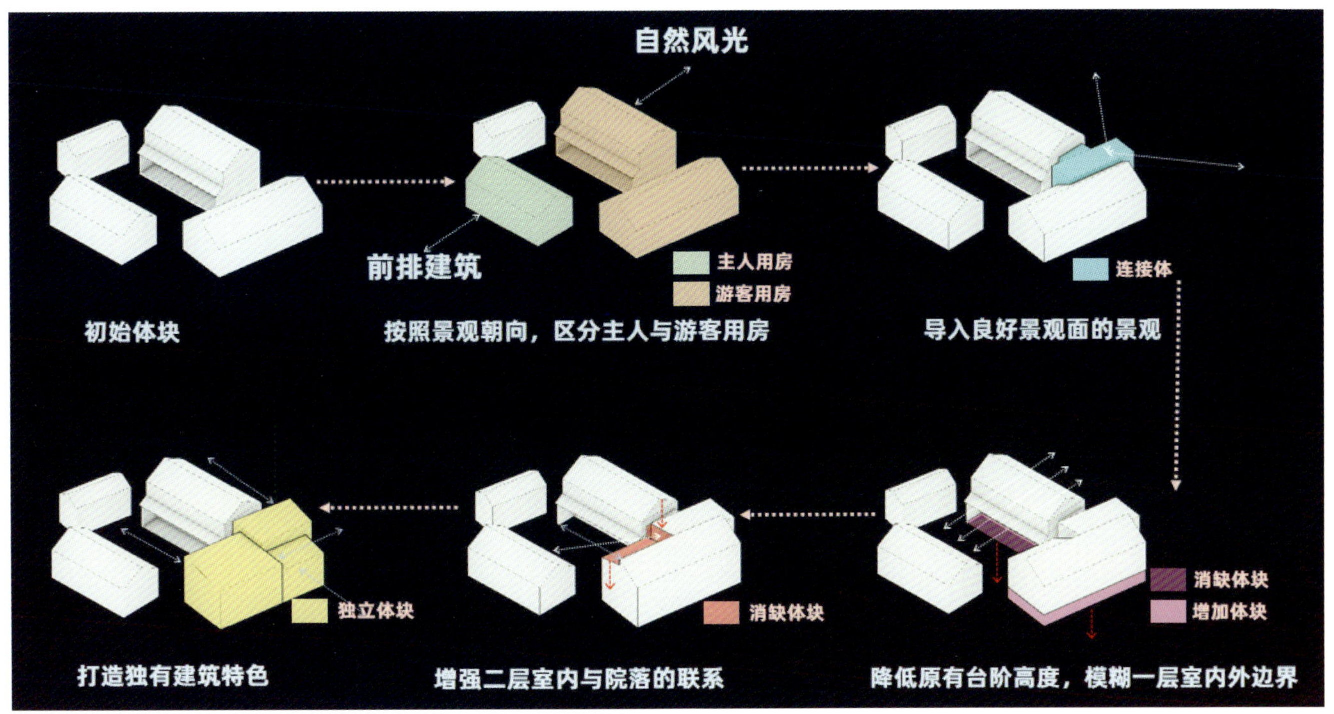

图 4 “暗香”组团流线分析 1

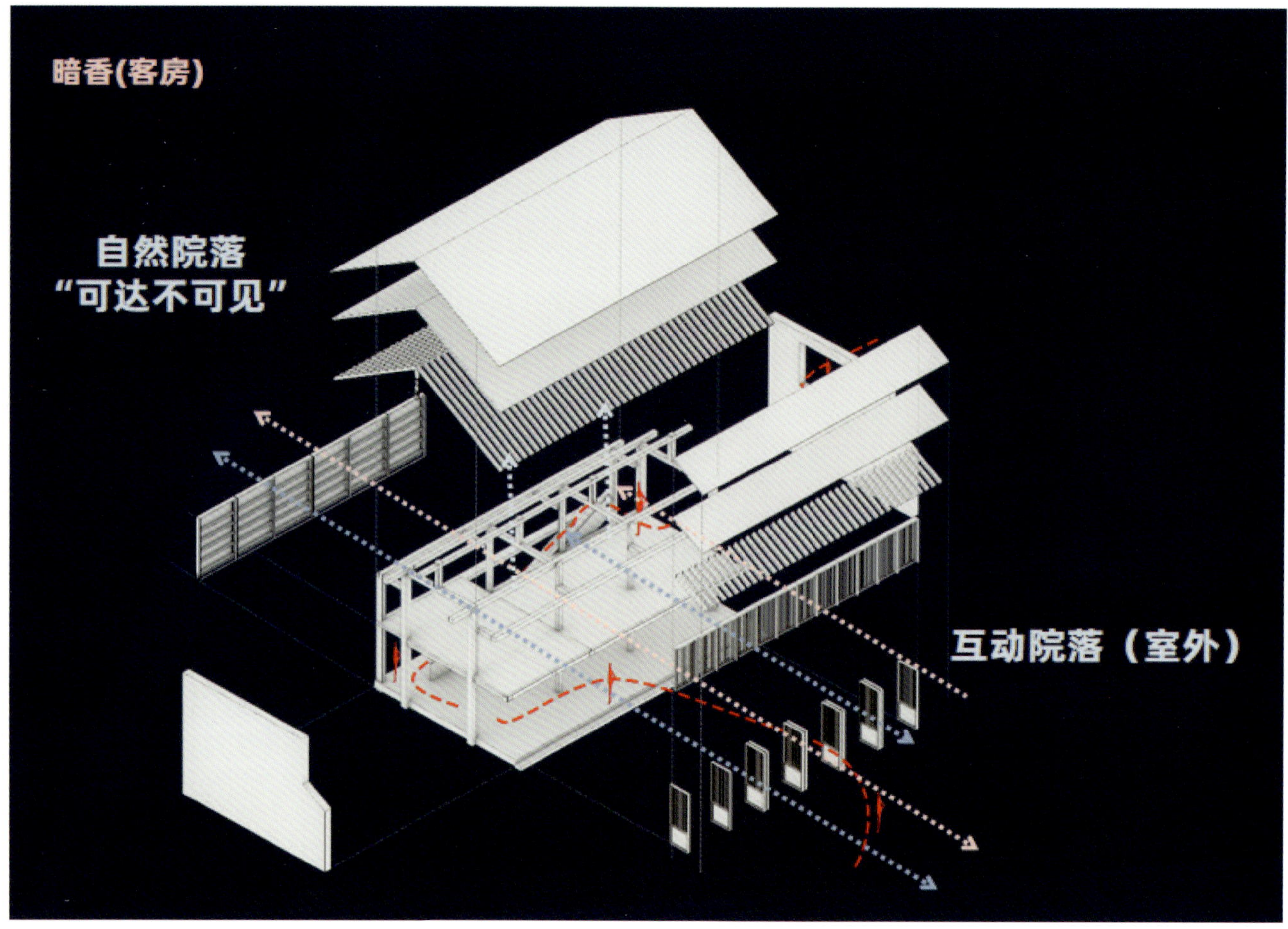

图 5 "暗香"组团流线分析 2

间的丰富性与光影关系，达到"自然院落可达不可见，观赏院落可见不可达"的景观效果。

四 总结

目前我们正处于一个传统景区下行、IP 引领消费、网红异军突起、品质服务定价的时代。新的消费浪潮背后，是资本、市场、政策的三重构，以基础设施建设和主题公园、旅游地产综合体为主的"硬投资"逐渐转为游客直接体验的核心项目或以消费型投资为代表的"轻投资"。以产品为中心到以游客为中心，旅游从"开眼界增见识"到"求体验求享受"，旅游"人心"正在改变。

在这三重构下，想要塑造旅游品牌、释放产业价值，必须将故事、策划、规划与设计一体化思考。故事，策划，规划与设计是相辅相成、互为依托的关系。有头脑的故事、策划与规划能为建筑设计与景观设计打下坚实的基础，促进项目的落地实现；而切实可行的落地设计也能引导故事、策划与规划的走向。所以，一体化的考虑与思索才是整体设计的必由之路。

通过主题概念创意，在产品为王的时代，让"颜值"为项目代言，让"故事"为项目赋能，凭借策划规划进行切实可行的落地设计，让目的地拥有核心吸引物，成为吸引客群的打卡点和复游点。

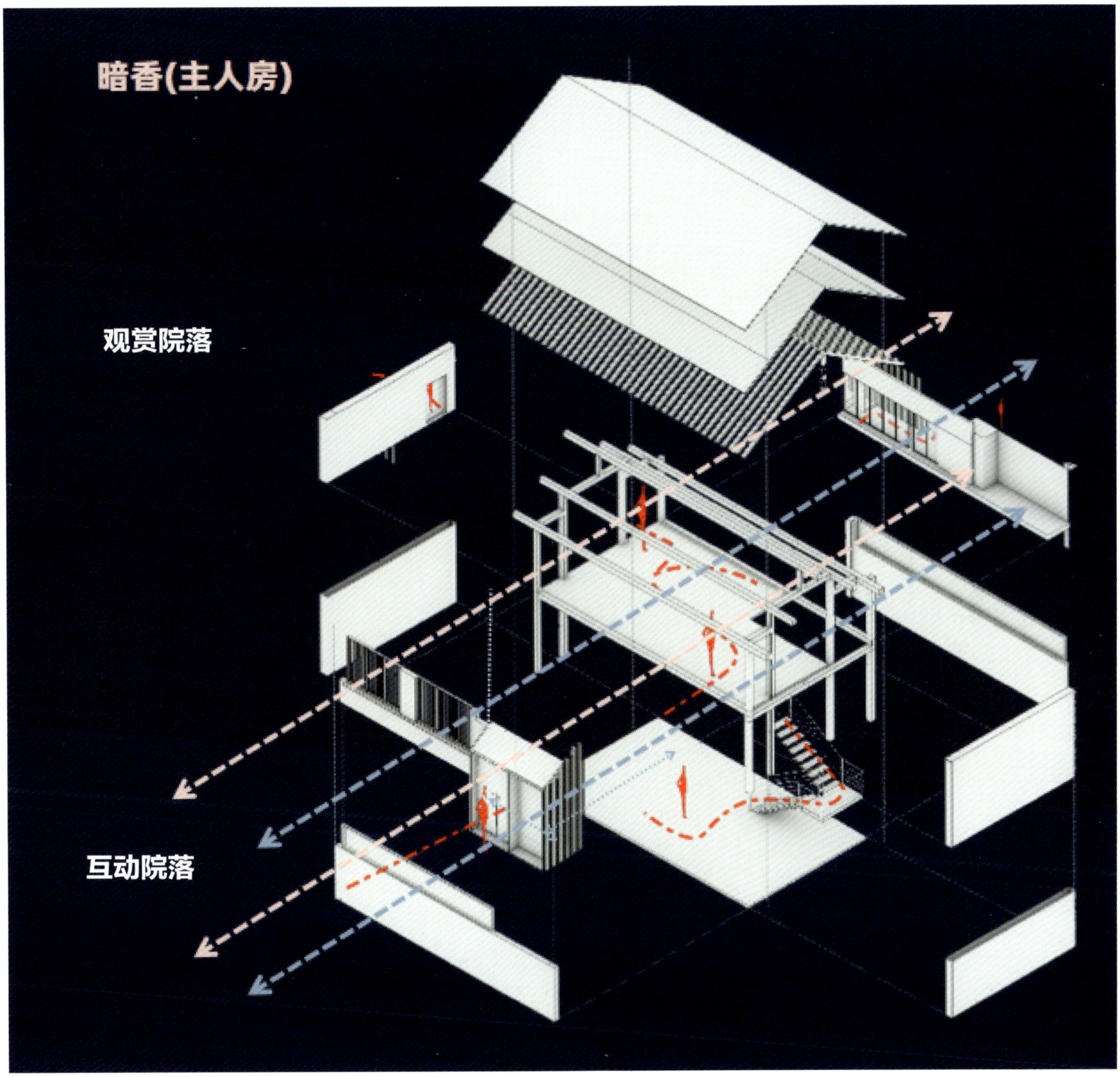

图 6 “暗香”组团流线分析 3

大滇西旅游环线剑川策划方案

一 项目概况

(一) 大滇西旅游规划建设背景

图 1 大滇西旅游环线示意图

2019 年，云南省政府提出规划建设“大滇西旅游环线”，以旅游业发展助力脱贫攻坚，把绿水青山变成金山银山，推动滇西旅游全面转型升级，打造世界独一无二的旅游胜地。

大滇西旅游环线规划建设具有鲜明的国家和地方线路意义，首先是云南落实国家要求的重要抓手，是坚持“绿水青山就是金山银山”发展理念的重要实践；其次是保障脱贫攻坚的重要手段，将有助于进一步巩固大滇西区域各州、市的脱贫攻坚成果，尤其是巩固“三区三州 ”中涉及云南怒江州、迪庆州区域的脱贫攻坚成果，有助于建立巩固脱贫攻坚长效机制的核心保障；最后是推动旅游发展的重要引擎，将为云南文化和旅游产业转型升级，建设“健康生活目的地”奠定坚实的基础（见图 1）。

(二) 剑川掠影

剑川县，地处滇西咽喉，是大理州北门户，素有 “文献名邦”“白族文化聚宝盆”的美誉。剑川县内拥有“文明之源”海门口、“南天瑰宝”石钟山、“茶马古道”沙溪镇、“自然圣境”老君山、“滇西奇葩”巧木雕、世界双绝千狮山等，它们为剑川共同“镌刻”出一幅“记录 5300 年白族原乡璀璨文化的历史长卷”。

二 望闻问切，找准六大定位，树立一个形象

望——回望剑川历史变迁，探寻文化脉络和精神内涵。璀璨悠久的历史长河为剑川留下了三个“最”，即最纯粹的白族文化、最原真的茶马古集市、最精湛的西南石木雕刻技艺。

（一）望闻问切，精准把脉

闻——深入解读大滇西旅游环线建设意义和要求，切实落实地区战略部署。大滇西旅游环线重点是"三年做好三件事"，即生态环境保护、交通环线建设、旅游业态提升。

问——以问题为导向，探究剑川旅游发展存在的症结和挑战。剑川生态文化资源禀赋极高，但长期处在大理市、丽江市旅游辐射中心的阴影区中，陷入知名度低—社会资本不足—地方财政压力大—设施及宣传落后—旅游辐射不足—上层重视不够的不良循环。大滇西旅游环线建设将成为剑川把后发优势转变为前进动力的关键触媒。

切——在望、闻、问的基础上，找准剑川在大滇西旅游环线上的六大角色定位、一个目标形象，为剑川主动融入环线建设奠定基础。

以遗产地保护为前提，以当地民族文化为内涵，以精品旅游与文化创意产业为驱动，把丽江古城打造成全国民族团结进步示范城、世界遗产保护模范城、国际一流特色城镇、世界级特色旅游景区。

（二）发展目标和形象定位

1. 六大角色定位

（1）国家生态综合补偿的新试点。剑川位于川滇森林及生物多样性生态功能区，是青藏高原南缘生态屏障的重要组成部分，坐拥云南三江并流生态遗产地八片之一的老君山，2006 年成为全国首批生态重点功能县。

（2）茶马古道贸易的重要实物载体。剑川是茶马古道和南方丝绸之路要冲，展现了茶马古道和南方丝绸文化的融合。寺登街是茶马古道唯一幸存的古集市，"世界纪念性建筑保护基金会"将沙溪寺登街列入《世界濒危建筑保护名录》。

（3）云南文旅融合发展的新高地。剑川的核心引力是"白族原乡、沙溪古镇、石木雕刻"，利用核心文化引力，剑川将成为云南文旅融合发展的新高地。

（4）大理、丽江两大国际旅游城市的黏合剂。剑川位于大理、丽江两大旅游中心城市之间，隶属大理，也与丽江有深厚渊源，是两地人文风情和生态景观交相辉映、共荣发展的区域。

（5）滇西深度脱贫攻坚的联络点。剑川是连接深度贫困地区和较发达地区的关键节点，是决胜全面建成小康社会的重要路径节点。

（6）区域旅游联动的先遣兵。剑川是四大黄金旅游圈的交会中心，西北线北部中环线的起点，老君山合作示范区的先遣兵。

2. 一个目标形象

综合考虑剑川的作用和禀赋，我们提炼出"雕刻时光、静享剑川"的旅游形象定位，其中"雕刻"展现的是剑川享誉中外的石木雕刻技艺，被誉为西南敦煌、记录南诏大理国文明的石钟山石窟，以及石宝山的大地雕塑丹霞地貌；"时光"展现的是剑川 5300 年前海门口开启的白族原乡悠久历史、茶马古道唯一幸存古集市寺登街的岁月印记、文献名邦的书香文气；"静享"展现的是沙溪古镇、剑川古城宁静淳朴生活氛围。"雕刻时光、静享剑川"八个字不仅成为我们本次规划的核心，也成为剑川对外宣传的新的官方口号。

围绕六大角色定位、一个目标形象，同时考虑上位规划要求，规划提炼出"国家生态保护与可持续发展示范区、国际知名白族原乡文化旅游目的地、大滇西旅游环线西北环线建设的区域合作先行示范区"三大总目标。

按照总目标，转变规划思路，主动作为、先行先试，提出"老君山生态旅游区""区域综合交通体系"两大融入点；并落实环线建设"三年做好三件事"的总要求，形成生态环境保护上"静享生态"、产品业态提升上"静享文化"、交通设施完善上"静享旅途"三方面的建设策略（见图 2）。

■ 图 2 老君山保护体系示意

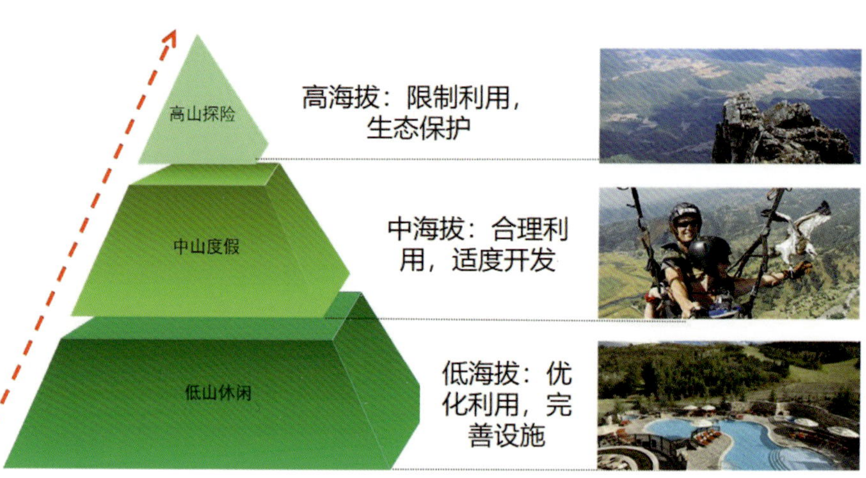

三 对症下药，提出两大融入点、三大静享策略

（一）两大融入点

1. 融入点一：老君山生态旅游区

以老君山生态旅游区为融入点，服务大理州快速联动丽江、怒江、迪庆打造区域合作平台，为跨区域旅游联动发展提供契机。在业态上，形成功能互补差异发展；在交通上，主动联通内外路网；在合作上，搭建地区合作平台。

2. 融入点二：综合交通体系

大理、丽江一体化发展成为大滇西旅游服务中心建设的关键，剑川作为大理、丽江的联络点，是重要的发展极。剑川县应以区域综合交通体系为融入口，主动融入大滇西旅游环线，服务大理市联动丽江市，实现地区旅游一体化发展，为大理 — 丽江世界级旅游服务中心的打造贡献力量。

（二）三大策略

策略一：静享山水——以生态修复为目的进行保护性开发，筑牢美丽山水格局

构建"两山一水"生态格局，以山水系统性修复来奠定保护性开发"绿底"。其中大老君山山系、大剑湖流域是旅游资源集聚区，是保护修复的重点区。

（1）共同守护老君山山系

老君山是剑川重要的生态版块，拓展老君山山系范畴，有利于更好地保护剑川山体格局。

强化横向分级保护，划分分级保护区。共分为三级保护区。一级为三江并流老君山保护区，仅允许少量必要基础设施和旅游设施建设；二级以山体绿化和生态型休闲为主；二级保护区主要为保护景区生态环境平衡和景观完整性，强化绿色建设和环境提升。三级保护体系共同助力老君山山系保护，加快山体和林地修复。

强化纵向分层保护，按生态特性分层修复，构建立体生态系统。依照山顶—山中—山脚不同的环境基质和生态保护需求，对不同区域分类不同功能，再依次进行不同程度的开发，做到保护优先，合理利用。

（2）协同保护大剑湖流域

落实省级湿地保护要求，融东西湖于剑湖，建设剑川大湿地公园。

（3）逐步完善生态补偿机制

剑川县作为国家生态综合补偿试点县，要充分探索生态补偿与生态文化旅游的互动机制。将旅游绩效纳入生态补偿核算体系。通过文化旅游拉动、促进地区产业结构转型，实现环境保护的同时，将生态补偿所得进一步用于推进文化旅游发展和文化旅游区生态保护，实现良性循环。

策略二：静享文化——传承历史记忆，以文为脉打造旅游产品谱系

构建最纯粹的白族原乡文化、最原真的茶马集市文化和最精湛的西南石木雕文化的文化产品体系，推进三个 3A 级景区、一个遗址公园、两个文化小镇、两个户外基地和多个半山酒店等旅游项目的建设，以文为脉推动旅游的建设发展（见图 3）。

（1）三个 3A 级景区

① 石宝山·沙溪文化旅游区。找寻茶马古道记忆、感受白族文化辉煌、聆听动人白曲乡音。

② 古城·千狮山文化旅游区。漫步古城古巷、欣赏千狮双绝。

③ 墨斗山文化旅游区。沐浴圣山神汤、俯瞰田园风光、体验木雕文化。

（2）一个遗址公园

海门口大遗址公园。探索文明起源、感悟沧海桑田、欣赏田园湖光。建设海门口大遗址公园，遗址展示区展示对象为遗存本体、遗存环境、可移动文物三部分。遗存本体分为覆盖模拟展示、自然风貌展示、历史环境展示和文化体验展示。实施海门口考古遗址公园规划建设的同时，对遗址片区进行生态治理，对植被、农田进行保护，对周边河道进行整治，营造水林田湖生命共同体。

■ 图 3 静享文化产品分布

(3) 两个旅游小镇

① 沙溪特色小镇——古镇静谧生活、白族文化风情

② 木石雕艺术小镇——文化创作艺术、民族手工技艺

(4) 多个精品半山酒店

近期重点打造九大精品半山酒店，最终形成以三大半山酒店群为核心，多个资源点特色半山酒店为补充的剑川品牌的半山酒店产品体系。

(5) N 项非遗体验

剑川"非遗"涵盖了音乐、舞蹈、美术、技艺、民俗、民间文学等类别，先后成功申报了石宝山歌会、剑川木雕、剑川白曲 3 个国家级非遗项目。梅园石雕、沙溪镇白族传统文化保护区、白族布扎、东山打歌、霸王鞭、剑川白族"阿吒力"民俗音乐 6 个省级"非遗"项目，剑川白族儿童玩具、白族纸扎、白族泥塑等 6 个州级"非遗"项目，白族乡戏、白族画毡、白族刺绣等 8 个县级项目，有 200 多位传承人列入国家、省、州级代表性传承人名录。结合剑川丰富的非物质文化遗产，延伸文创产品内涵，创建剑川特色的"静享"系列体验产品。

策略三：静享旅途——构建旅游交通环线，增强大理滇西门户与环线中心优势

构建环线快速交通、自驾游线、风景道、生态徒步道四级复合交通系统，打通区域大环、县域中环、景区小环，压缩大理州与丽江市、怒江州的旅游时空距离，增强大理州滇西门户与环线中心优势，将综合交通与沿线风光相结合，把交通变成旅行。

(1) 构建环线快速交通

依托航空港、高速铁路、城际铁路以及高速公路的建设，打造"公铁空"联运的旅游交通体系，形成以大理为中心的 2.5 小时的区域快速交通环线。

(2) 打造自驾游线路

串联 S311(S232)、环湖线、084 县道（黑惠江公路）、洱剑公路、云剑公路等主要交通线路，改善道路通行条件，关注沿线视觉体验，构建环剑川自驾旅游线路，总里程约 280 公里。

(3) 营造风景道线路

以各区段道路景观特色和人文特色为底蕴，结合公路建设、打造老君山自然风景道和剑川沙溪人文风景道两条线路。

(三) 总体空间格局建设

剑川打造"一环、四片、两圈、多点"的总体空间格局，助力大滇西旅游环线建设（见图 4）。

一环：生态旅游大环，以沙溪镇、弥沙乡、马登镇、羊岑乡和甸南镇形成生态旅游大环线。

四片：建设老君山片区、剑湖生态区、沙溪石宝山片区、马登温泉生态区四个生态旅游片区。

两圈：两个自驾环线圈。

多点：打造木雕文化、茶马古道文化、石雕文化等多个文化项目。

四 规划亮点与特色

(一) 转变规划思路，先行先试，被动姿态转变为主动融入

转变规划思路，本规划旨在落实上级要求的被动姿态转变为立足剑川实际，展望区域发展、先行先试、积极融入的主动姿态，积极寻找切入点主动融入大滇西旅游环线建设。本次策划考虑老君山的区域联动作用和"丽江—大

■ 图 4 剑川总体空间格局建设

理之间"的区位优势，以老君山生态旅游区和综合交通体系为两大切入点。

（二）生态引领，厘清生态脉络，以生态修复项目推动剑川生态旅游格局建设

一是梳理生态脉络。厘清山脉、水脉、田脉等主要生态脉络，梳理生态格局，以低影响开发为主要原则，建设生态环境。山脉主要注重山体环境的保护，要将现有的森林防火道进行生态步道改造；水脉主要利用现在的水系周围打造旅游生态廊道；田脉主要对万亩农田进行高标准农田打造，对农田整治提出具体要求。二是打造生态修复项目。提出剑湖水环境综合治理、石宝山生态修复、千狮山保护修复项目等十大生态修复项目推动剑川生态旅游格局建设（见图 5）。

（三）项目驱动，盘活旅游资源，以可实施性项目推动规划落地

以静享剑川为主题，打造静享系列项目。规划提出以"静享生态、静享文化和静享旅途"三大项目体系为主线，盘活旅游资源，推动规划落地（见图 7）。

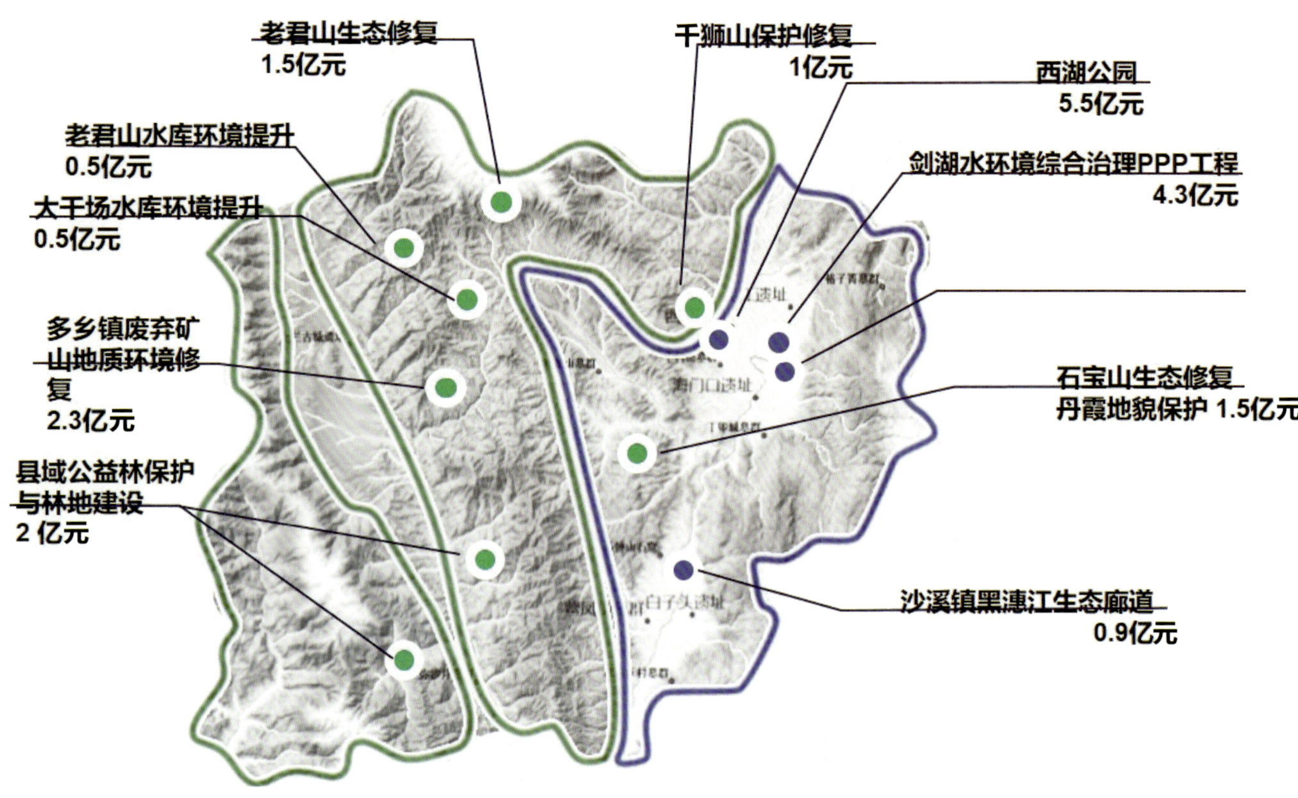

■ 图 5 生态修复项目分布示意

■ 图 6 剑川景区智慧管理平台

静享生态项目

1	剑湖水环境综合治理PPP工程
2	剑湖水环境治理工程
3	剑湖-西湖公园
4	黑潓江生态廊道
5	石宝山生态修复
6	千狮山保护修复
7	老君山保护修复
8	老君山、大干场水库环境提升
9	废弃矿山修复
10	公益类保护与林地建设

静享文化项目

1	石宝山-沙溪5A级景区创建	创建相关工作费用
2		《张胜温画卷》创雕石雕
3		沙溪古镇白族传统文化体验创新
4	古城-千狮山4A级景区创建	创建前期工作费用
5		中国狮文化长廊
6		茶马古道乡愁街
7		古城文化体验创新
8	墨斗山3A级景区创建	创建及建设相关费用
9	木石雕艺术小镇4A级景区创建	创建相关工作费用
10	海门口大遗址公园	
11	沙溪特色小镇	沙溪特色小镇（2020年已完成投资30亿元），2020-2025年预计继续投资 10 亿元
12	**黑潓江十公里风光带**	**A.黑潓江生态廊道（静享生态类已统计）**
		B.茶马古道文化创产业园（双创基地）
		C.沿黑潓江公路（在静享交通类统计）
		D.沙溪坝旅游环线
		E.华龙半山酒店（在半山酒店里统计）
		F.白龙潭半山酒店（在半山酒店里统计）

静享旅途项目

1	新建旅游公路	沙溪黑潓江旅游公路
		弥沙岩曲至羊岑六联公路
		石宝山旅游公路
		沙溪—弥井旅游公路
2	改扩建旅游公路	老君山旅游扶贫公路
		剑川马登至云龙长新公路（二期）
		洱剑公路
		象图—弥沙公路
		剑湖公路（坝区段）
		省道S320公路剑川段

图 7 静享系列产品项目

（四）智慧管理，搭建剑川旅游数字化信息管理平台，构建智慧管控

我们在规划中提出搭建剑川旅游数字化信息管理平台，构建旅游项目建设管理系统、旅游项目监控系统、灾害应急预警系统等系统平台，能够对景区的建设、人流量、灾害等进行及时的信息反馈；同时针对全国面临的疫情防控，在景区灾害应急预警系统中加入疫情防控预警监测（见图 6）。

滇越铁路旅游开发策划方案

滇越铁路是中国境内较早修筑的铁路之一，是中国西南地区的第一条铁路，是中国通往东南亚最早的铁路，也是中国最长的一条轨距为 1 米的窄轨铁路。滇越铁路全长 854 千米，连接了越南海防和中国的云南昆明。其中，滇越铁路越南境内线路长 389 千米，1901 年开始修建，1903 年通车；中国境内铁路线长 465 千米，始建于 1903 年，1910 年通车。滇越铁路是世界铁路史上最具影响力的铁路之一，也是百年前世界著名的工程之一，曾被《英国日报》誉为与苏伊士运河、巴拿马运河相媲美的世界第三大工程。

滇越铁路在各个社会历史时期，发挥了不可估量的重要作用。历经百年，滇越铁路仍然在中越两国交通、经济、商贸和文化交流中发挥着重要作用。经初步统计，延绵 465 千米的滇越铁路沿线目前有文化遗存多达 200 多处。2018 年 1 月，滇越铁路还入选第一批《中国工业遗产保护名录》。滇越铁路不仅是中国铁路史、中国与东南亚、西方国家在交通、经济、文化等方面交往的重要缩影；也是当前"一带一路"倡议下，中国与东南亚国家共建人类共同命运体的重要文化根基；也将是"两廊一圈"建设中，中越两国实现合作双赢，促进中国与越南文化和旅游交流、发展的重要项目。

为了推动滇越铁路旅游开发，在有关部门委托下，我们编制了《滇越铁路旅游开发策划方案》（以下简称《策划方案》）。课题组综合考察了滇越铁路文化线路与沿线城市、村落、旅游资源和景区景点的关系，对滇越铁路线性廊道周边旅游资源进行了量化分析。在总结滇越铁路文化线路保护与开发的情况和特征基础上，我们遵循联合国教科文组织《文化线路宪章》精神与要求，从"文化 IP 塑造与提升""文化线路连接与复兴""文旅资源整合与优化"三个维度，编制旅游开发策划方案。

一 滇越铁路资源调查与评价

滇越铁路（云南段）调查的范围主要涉及昆明市、玉溪市、红河州和文山州四个州市，其中以滇越铁路（云南段）和个碧临石铁路经过的西山区、五华区、盘龙区、官渡区、呈贡区、宜良县、华宁县、弥勒县、开远市、蒙自市、屏边县、河口县、个旧市、建水县、石屏县、马关县等县区市作为重点调查区域。滇越铁路（越南段）调查区域范围主要包括老街省、安沛省、

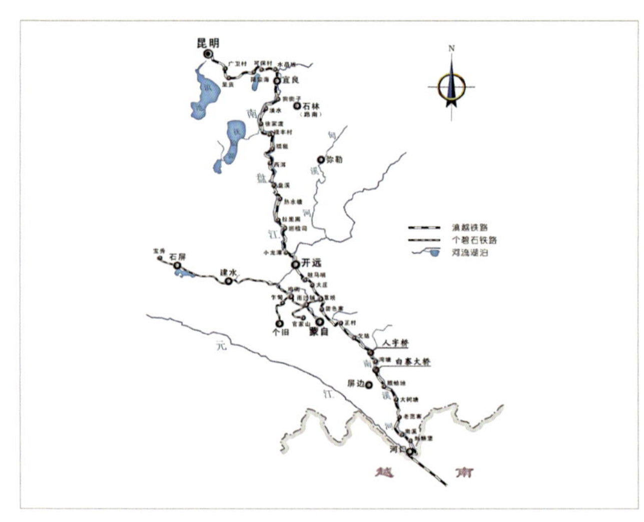

■ 图 1 滇越铁路示意图

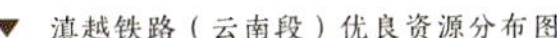

▼ 滇越铁路（云南段）优良资源分布图

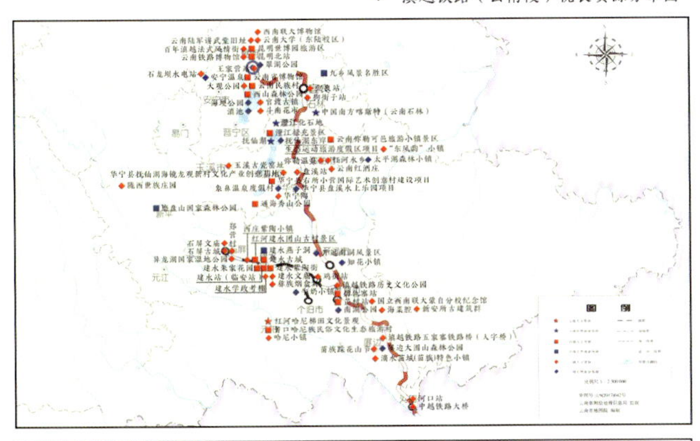

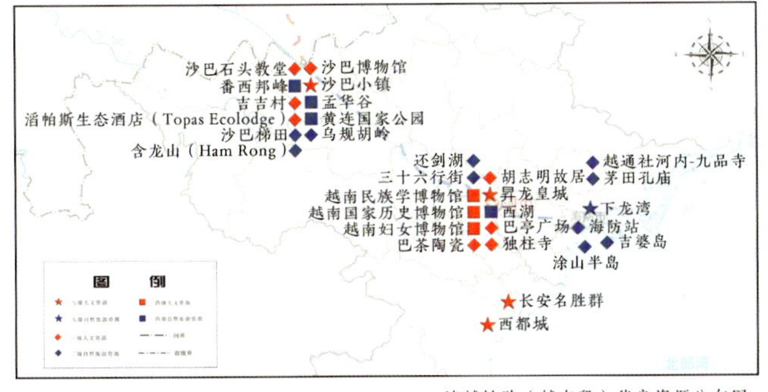

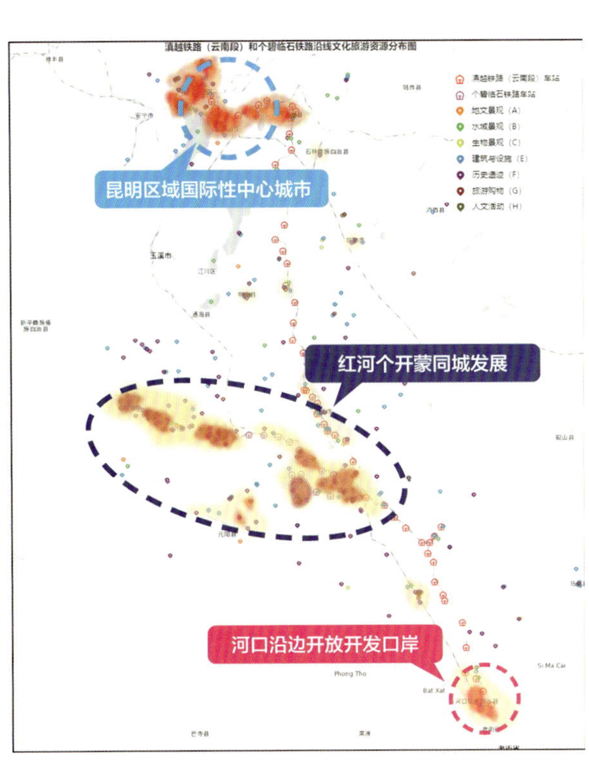

▲ 滇越铁路（越南段）优良资源分布图

■ 图 2 滇越铁路旅游资源分布

富寿省、永福省、河内市、兴安省、海阳省、海防市八个省市，以及周边广宁省、宁平省、清化省等省市（见图 1）。

滇越铁路沿线旅游资源丰富多元。按照《旅游资源分类、调查和评价》（GB/T 18972—2017）中旅游资源基本类型划分，滇越铁路沿线旅游资源有 951 个旅游单体资源，涉及 8 个主类、23 个亚类、73 个基本类型。滇越铁路旅游资源基本类型非常齐全。在历史遗迹、人文活动、水域景观、生物景观、旅游购物、天气与气候景观、建筑与设施七大类资源均较为丰富，仅有地文景观资源齐全度较低（见图 2）。

二 滇越铁路旅游开发策划

（一）发展思路

以滇越铁路为载体，依托滇越铁路工业遗产、历史文化资源，沿途串联起中国南方喀斯特（云南石林）、澄江化石地、红河哈尼梯田文化景观、昇龙皇城、下龙湾、长安名胜群、西都城 7 项世界遗产，以及丰富多元交融的自然景观与人文景观，历史文化名城名镇、旅游景区景点，构建观光体验、生态旅游、文化体验、休闲度假、科普教育、购物美食等多元化旅游产品体系，策划一条高品位、慢节奏、重体验的文化感知之旅，打造一条具有东西方文化交融的国际文化旅游廊道，引领中越文化旅游合作与发展，带动区域文化旅游创新发展。

（二）总体布局

针对滇越铁路品牌文旅资源、消费市场、产品线路和不同地段空间资源特点，充分发挥不同空间地段的文化优势，以"一带四段六极十二节点"的空间布局，"点线结合，分段利用，叠进开发、对接周边"的理念，策划滇越铁路旅游项目群，以此推进滇越铁路文旅品牌的整体保护与旅游开发。

"一带"，即山海之间滇越铁路文化旅游线路。滇越铁路起始站位于中国国家级历史文化名城、国际性区域中心城市昆明，经过中国国家级口岸河口，穿过越南老街省，通过越南首都河内，穿越红河三角洲城市群，抵达越南北部国际港口、旅游城市海防市。规划强化“合作共赢、联合开发”的理念，开发一条将世界文化遗产、旅游集散地和历史文化名城、名镇、景区景点有效串接在一起，联通中国云南与越南，对接山地文化和海洋文化，高品质的国际文化旅游线路。

“四段”，即昆明文化旅游区段、红河文化旅游区段、河内文化旅游区段、海防文化旅游区段。

昆明文化旅游区段：包括昆明主城区、宜良县、石林县、玉溪澄江县、红河弥勒等区域。该区域拥有国家历史文化名城昆明、中国南方喀斯特（云南石林）、抚仙湖、滇池等资源。

红河文化旅游区段：拥有红河哈尼梯田、滇越铁路工业遗产、丰富的历史文化、民族文化等资源，该区段主要包括蒙自、开远、个旧、建水、石屏、元阳、屏边、河口等滇南中小城市群。

河内文化旅游区段：该区段涉及老街民族文化、沙巴小镇、昇龙皇城、河内历史文化、红河三角洲等资源，主要包括老街市、沙巴市、河内市等区域。

海防文化旅游区段：该区段主要包括海防市、下龙湾市、宁平市、永禄县等区域，拥有长安名胜群、西都城、海防、下龙湾等文化和旅游资源。

“六极”，即昆明、蒙自、河口、老街、河内、海防六大增长极。依托昆明、蒙自、河口、老街、河内、海防优越的区位优势、良好的综合交通体系、完善的旅游服务体系，建设滇越铁路沿线重要的旅游目的地和旅游集散地，培育打造成为滇越铁路沿线重要的旅游发展增长极。

“十二节点”，即昆明、宜良、盘溪、开远、蒙自、河口、个旧、建水、石屏、老街、河内、海防十二个重要节点。依托滇越铁路文化线路旅游开发，培育建设昆明、宜良、盘溪、开远、蒙自、河口、个旧、建水、石屏、老街、河内、海防十二个重要节点，打造滇越铁路沿线旅游目的地城市。

总体空间布局：“一带四段六极十二节点”(见图 3)

- 全球化时代东方文化与西方文化交融的空间
- 云南新时期文旅融合高质量发展战略的高低
- 世纪建筑史以及世界高原铁路修筑史的奇迹
- 山地文化与海洋文化之间对话的桥梁
- 世界反法西斯以及抗美援越战争胜利的后盾
- 中越两国民主革命进步思想传播发展的通道

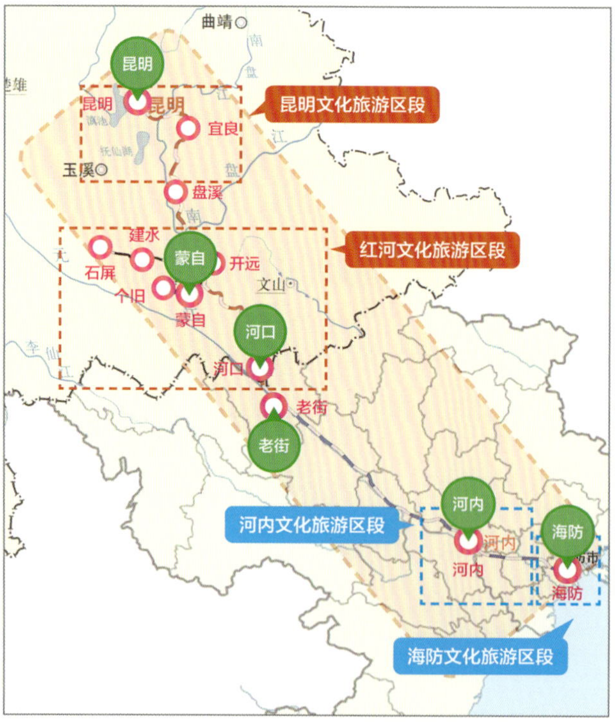

- “一带”：山海之间 滇越铁路文化旅游线路。
- “四段”：昆明文化旅游区段、红河文化旅游区段、河内文化旅游区段、海防文化旅游区段。
- “六极”：昆明、蒙自、河口、老街、河内、海防。
- “十二节点”：昆明、宜良、盘溪、开远、蒙自、河口、个旧、建水、石屏、老街、河内、海防。

图 3 总体空间布局

(三) 重点项目策划

结合滇越铁路文化线路及周边文化旅游资源、旅游产业发展基础，强化"文化 IP 塑造与提升"" 文化线路连接与复兴 " 和 "文旅资源整合与优化" 理念，以滇越铁路（云南段）为重点，从铁路文旅品牌保护提升、旅游线路、旅游产品三个层面，策划 5 段旅游线路项目、17 个文旅项目和 8 个保护提升项目（见图 4）。

5 段旅游线路项目，即 "昆明记忆" 百年米轨观光体验线路、"王家营—阳宗海—宜良—徐家渡"慢时光旅游线路、"建水—团山—石屏—宝秀"滇南米轨旅游观光线、"开远—蒙自"旅游城市轨道交通提升项目、"碧色寨—白寨—河口"米轨时光精品旅游线路。

17 个文旅项目，即昆明北站滇越铁路文化体验空间、米轨边上：西南联大文化创意园区、百年滇越铁路法式风情街提升改造项目、世界铁路博物馆主题公园、宜良滇越铁路火车站文化旅游小镇、滇越铁路南盘江（狗街）休闲度假村、滇越铁路盘溪田园生态康养旅游休闲小镇、"碧色寨—芷村"国家铁路遗产旅游景区、临安古城米轨小火车主题公园 1915 艺术区、鸡街个碧石铁路文化创意公园、开远 1909 国家工业遗产创意空间、个旧火车站城市文化休闲空间、石屏古镇国家历史文化街区、人字桥工业奇迹观光体验景区、滇越铁路系列博物馆建设提升项目、蒙自南湖滇越铁路历史文化街区、国家口岸：河口国门文化休闲旅游度假区。

8 个保护提升项目，即滇越铁路旅游综合交通服务体系、滇越铁路旅游综合服务营地、滇越铁路文化线路保护提升工程、滇越铁路文化品牌创意工程、百年米轨滇越铁路文旅品牌系列活动、滇越铁路文旅数据平台建设项目、国家记忆：滇越铁路大型纪录片拍摄、"世界看见"百年滇越铁路联合申遗计划。

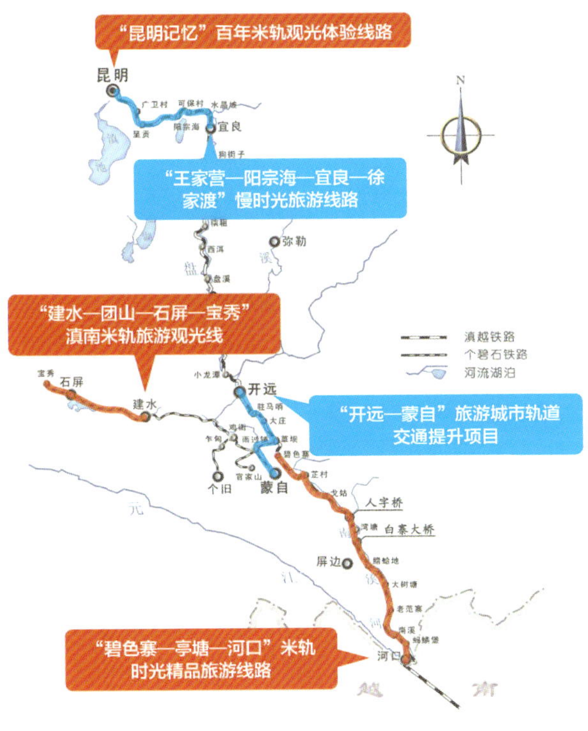

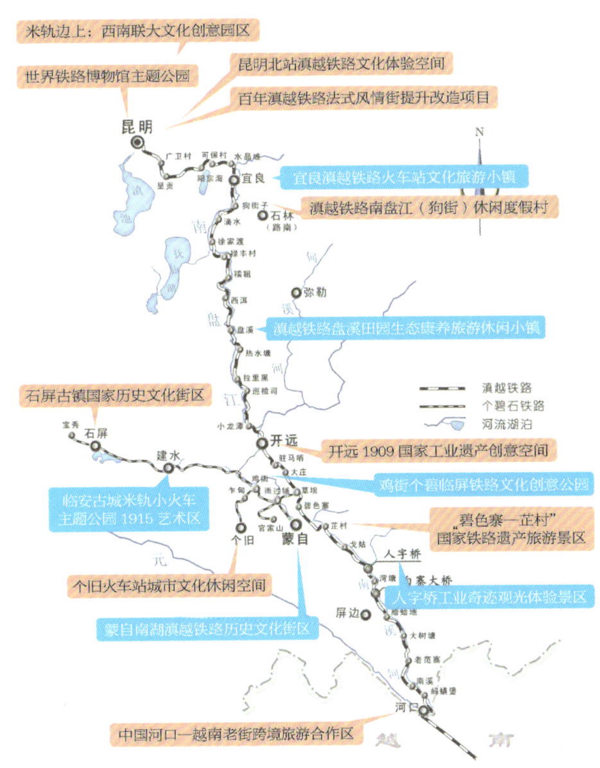

■ 图 4 重点项目分布

■ 图 5 实地调研图片

三 保障措施

实地调研图片如图 5 所示。

滇越铁路源保护与开发涉及多部门、多单位，当前旅游开发面临"易共识、难共进"的尴尬局面。针对滇越铁路文化遗产的保护和旅游开发的经验、技术、资金等相对欠缺的实际情况，我们建议建立系统的组织实施、政策措施、管理运营、督查检查、技术支持和宣传推广等旅游开发实施保障机制。

由云南省委、省政府牵头成立"滇越铁路旅游开发工作领导小组"，全面组织、指导、统筹、协调滇越铁路旅游开发相关工作，定期召开会议，统筹研究滇越铁路旅游开发规划和重大政策，协调解决规划建设中的重大问题。协调处理好交通运输部、中国铁路总公司、中国铁路昆明局集团有限公司关于滇越铁路产权的问题；建立部门协调联动机制，文旅、发改、交通、规划、住建、环保、国土、农业等有关部门按职责共同做好滇越铁路旅游开发工作。

按照"省统筹指导、地方政府建设为主"的原则，建立完善省市联动机制，昆明市、玉溪市、红河州及相关县（市、区）应明确滇越铁路旅游开发工作牵头单位，明确工作机构和专职人员，负责统筹协调、对接和监督检查本行政辖区内的滇越铁路旅游开发工作。加强滇越铁路旅游开发与滇中城市群发展、大滇西旅游环线建设的对接，促进滇越铁路沿线文化和旅游产业发展，带动沿线地区经济和社会的发展。

特色小镇规划篇

近年来，随着部分特色小镇走出了文化旅游发展的成功路径，全国多个省市提出特色小镇创建计划。2018—2020 年，云南每年评选出 15 个创建成效显著的特色小镇。这些小镇大多是以旅游产业为核心驱动产业的小镇。差异化及小镇可持续发展的动力始终是特色小镇需要解决的核心问题。

本次收录的《昭通市威信县扎西红色小镇总体规划和核心区修建性详细规划》以“扎西会议”和红色文化为核心进行规划设计；《橄榄坝傣族水乡特色小镇修建性详细规划》以建设国际旅游度假区为目标进行了详细设计；《官渡古镇文化旅游小镇核心区修建性详细规划》基于延续昆明城市历史文化记忆、创新文化旅游新需求目标进行了详细规划设计。以上各不相同的文旅小镇，为各类小镇规划提供了参考。

本篇编录的规划项目有：

昭通市威信县扎西红色小镇总体规划和核心区修建性详细规划

橄榄坝傣族水乡特色小镇修建性详细规划

官渡古镇文化旅游小镇核心区修建性详细规划

昭通市威信县扎西红色小镇总体规划和核心区修建性详细规划

扎西红色小镇坐落于昭通市威信县，是红军长征史上具有重要历史意义的"扎西会议" 召开地，也是全国 100 个红色旅游经典景区之一。产业选择：培育孵化，逐步做大、做强。

一 项目背景

1935 年 1 月，遵义会议后，国民党重兵布防长江沿线，土城战役失败，红军长征北渡长江受阻，中央红军被迫向地处云贵川交界处的云南省昭通市威信县集结。

1935 年 2 月，中央红军相继在水田花房子、大河滩庄子上、扎西江西会馆召开了中央政治局常委会议、政治局会议和政治局扩大会议，党史研究学者将三次会议统称为"扎西会议"。

"扎西会议"做出了一系列重大战略决策，解决了遵义会议上没有来得及处理的问题，完成了常委分工，改组了党中央的领导特别是军事领导，保证了毛泽东的政治、军事等主张能够在党内和红军中贯彻实施。扎西会议后，红军的被动局面被扭转，开始取得了战略转移中的二渡、三渡、四渡赤水，回师黔北，重占遵义等一系列战略胜利，中国革命实现了从挫折走向胜利的伟大转折。

红军在扎西地区的革命活动，是红军长征中 35 个重要事件之一，在扎西镇内留下的革命历史文化遗产和可歌可泣的动人事迹，是云南省最具代表性、最重要的红色文化资源。2020 年 1 月 21 日，习近平总书记在考察云南时指出，要讲好云南故事，尤其要讲好扎西故事。"扎西会议"改组党中央的领导特别是军事领导、推动中国革命走向胜利新阶段。

为保护、利用、传承、发扬红色文化，威信县人民政府按云南省特色小镇建设标准要求，创建独一无二、不可复制的扎西红色小镇，使之成为云南省红色旅游发展龙头、滇川黔"红色旅游金三角"的核心区、长征国家文化公园的重要组成部分，为红色基因代代传承、发扬光大发挥力量。

二 规划范围

威信县隶属于云南省昭通市，位于云、贵、川三省接合部。扎西红色小镇地处威信县城东北部，总面积 3.01 平方千米，其中核心区面积 0.84 平方千米。

三 规划思路

在小镇规划中，首先应考虑的问题是：要如何向世人讲述，如何演绎和传承扎西故事？我们从精神层面、生活层面、生态层面，全面认识扎西，并研究场地特性、衔接上位规划、解读当地风貌特色。

规划区内完整保留有扎西会议旧址、烈士陵园、陈列馆等红色文化地标，有很好的遗迹保护和文化发展优势。但小镇空间凌乱无序，虽对部分重要节点进行了保护，但整体不成体系，游览体验感较差；红色遗迹虽有，但整体特色不够鲜明。

基于以上分析，规划确定以扎西红色遗迹保护、传承为核心来讲好扎西故事；在扎西老街植入文化与旅游功能，作为红色文化的重要补充；向北以娥通山为红色文化的户外拓展基地，串讲长征沿途故事，经长征之路步入胜利新时代。从游览体验的角度，实现从沉重的红色文化遗址地向轻松的红色文化体验、胜利之地的转身，从红色扎西走向革命胜利，彰显"扎西会议"的革命转折意义，活态化展示红色文化。

规划总平面图如图 1 所示。

图 1 规划总平面图

规划成果按照云南省特色小镇规划要求，分为总体规划与重点区域详细规划两个层面，用于指导小镇建设实施。总体规划聚焦特色小镇创建的突出特色、产业建镇、生态优美等七大要素进行规划，以红色文化为核心，辅以民族文化、绿色生态，牢固树立“绿水青山就是金山银山”的可持续发展战略，力争打造云南省范围内独一无二、不可复制的扎西红色小镇。在总体规划基础上，确定核心区的详细规划，将发展概念切实落入小镇空间布局。

四 规划内容

（一）功能布局

小镇以扎西会址为核心，整合北部娥通山、南部老街，景镇一体化打造，在空间上形成“一心、一园、两区、一带”的格局。

“一心”以扎西会址为核心，讲好扎西故事，形成功能完善、特色鲜明的小镇门户体验区。

“一园”为长征文化园，以峨通山良好的生态环境，引入长征沿线故事，通过合理的游线组织，再现长征年代场景，形成以红色文化观光、教育培训、运动休闲、红色度假于一体的长征主题文化园。

“两区”分别为：在扎西老街植入文化与旅游功能，打造扎西红色主题商业街区；以及充分利用规划区西部大量的社区，打造作为小镇的生活休闲区。

“一带”为沿胜利路规划红色景观节点、提升沿街建筑风貌，形成小镇形象主要展示面。

（二）项目布局

小镇以传递红军精神、展现红军长征文化为要点，改变单一的旧址观光、馆舍展览等形式，综合开发融观光、瞻仰、教育、休闲、体验、户外拓展、会议、度假等多种性质于一体的产业体系。规划构建了四个重点产业项目，打造红色文化活态展示、体验。

一处"长征纪念地"：以扎西会址、陈列馆、烈士陵园、纪念碑等为重点，通过会址观光、文化体验、教育培训，缅怀革命先烈，回顾峥嵘岁月。

一条红色文化特色街：在保护扎西传统街巷格局的前提下，融入文化与旅游功能，让文化体验与文化消费互补共赢。

一条"长征故事"研习路：以长征文化交流中心、长征公园等为主体，转变历史文化的静态展览方式，规划通过设计互动参与的方式，让游客通过重走长征路，全面了解长征这段历史。

一段"扎西风情"体验营：包括胜利公园、扎西时光街等区域，游客可在这里回望历史，感悟一段扎西生活。

（三）游览体验

规划通过"红色""+ 文创""+ 民族""+ 民宿""+ 餐饮""+ 娱乐""+ 智慧"等的融合发展，活化红色文化资源，构建红色文化产业体系。游客在这里可以听一段扎西故事、品一回红色生活、走一段长征之路、观一座红色之城、住一次红色庄园、看一段扎西风貌、忆一段胜利史诗，感受一座红色之镇，让长征精神跨越时空，让长征精神代代相传（见图 2）。

五 项目实施情况规划背景

自小镇建设以来先后投资 9.6 亿元，初步完成了小镇核心区建筑风貌恢复以及夜景灯光亮化、美化工作，经济发展态势良好。

规划实施后，小镇先后投资 8 亿元，初步完成小镇核心区的风貌改造、水景工程、老街铺地、管网改造、绿化照明等以及小镇会客厅、实体输电建设，小镇整体格局

图 2 红色主题街区实景

不仅是外来游客的打卡地、当地居民的休闲游憩地，更是云南省党性教育基地扎西干部学院的最具代表性的党性教育资源，项目建设取得了较好的经济、社会效益。

2019 年，小镇共接待游客近 85.8 万人次，同比增长 10.4%；旅游收入达到了 4.39 亿元，同比增长 11.9%。2020 年年末，有关部门的统计数据显示，来小镇旅游人数较上年增长 10% 以上，过夜游客人数较上年增长 20% 以上。

小镇核心区全景鸟瞰图如图 3 所示。

六 规划亮点

1. 全面、系统地演绎、传承扎西精神，讲好扎西故事

活态化展示扎西会议场景：重点围绕红色历史文化遗址遗迹，通过文化景观以及 VR、AR 多功能体验，将博洛交接、扎西集结、扎西整编、扎西扩红等经典故事场景化、互动化，通过多维度展现形式，让大众全面认识、了解扎西这段历史。

规划为彰显扎西会议的转折意义，在空间布局上，以扎西会议为核心，按照游客经过红色文化体验区、长征公园后，步入胜利新时代的思路进行规划，体现由红色扎西走向长征胜利，传递胜利精神；在具体项目设置上有胜利公园、理想塔、胜利花阶等，寓意革命胜利。

2. 活化红色文化资源，创新红色旅游体验，将红色文化元素转化为可观、可赏、可体验、可学习的游览项目

通过红色文化景观、新科技体验以及与之相关的教育、培训、餐饮、文创等，构建红色会址朝圣、红色文史展陈、主题沉浸体验、红色主题餐饮、红色主题文创、主题培训拓展等旅游产品，改变单一的旧址观光、馆舍展览

■ 图 3 小镇核心区全景鸟瞰图

■ 图 4 小镇入口实景

小镇入口实景如图 4 所示。

3. 以长征诗歌中的重要战役、景观、故事等为特色，重构诗歌中的"长征景观"，丰富长征精神的展示主题和手段，弘扬长征精神，走新的长征路

红色文化，革命年代，一场激情燃烧的岁月，或许，在诗歌中更能找到共鸣。长征路上，那些讲不完的故事，或者，在诗歌中能更好地代代相传。

规划通过长征诗性解读，以五岭台、漫道雄关楼、铁索寒桥、西风漫卷亭、萧然台、浩气亭等艺术性的重构诗歌中的"长征景观"，丰富长征精神的展示主题和手段，弘扬长征精神，走新的长征路。这是全国红色小镇中独特的文化艺术景观。

4. 延续扎西传统的街巷格局、川南建筑风貌，塑造山镇融合的生态格局

扎西红色小镇北靠娥通山，前绕扎西河，自然风光秀美，小镇中自然山体点缀，老街碧水环绕，规划凸山秀景，塑造"山中有镇、镇中有山"的整体风貌，充分展现绿荫下的小镇。

规划延续扎西传统的街巷格局、突出独特的川南建筑风貌，打造历史风貌街区。小镇老街始建于 1856 年，2019 年 6 月，被国家住房和城乡建设部授予"中国传统村落"。老街内有着大量的文物保护单位、历史建筑、古建筑等，通过"三街九巷"予以连接。建筑为川南民居风格，穿斗式梁架满柱落地、合瓦屋面带叠瓦脊、槅扇门槅心的雕刻。

橄榄坝傣族水乡特色小镇修建性详细规

一 规划背景

澜沧江国际生态文化旅游度假区是一个面向全球、高品质的"国际生态文化旅游度假区"，共分为三个大的功能板块：滨江绿色廊道功能板块、两岸山地区功能板块、橄榄坝平坝区功能板块。

"橄榄坝傣族水乡特色小镇"是位于橄榄坝平坝区功能板块的一个重要项目，也是整个澜沧江国际生态文化旅游度假区率先启动实施的一个项目。该项目总占地 11000 亩，建设用地 7300 亩，总投资 220 亿元。规划致力于将橄榄坝傣族水乡特色小镇打造成具有国际影响力、国内一流、全球向往的生态文化旅游胜地。

"橄榄坝傣族水乡特色小镇"在遵循上位规划、总体概念规划的基础上，利用规划区丰富的水资源，以傣族是水的民族、水文化理念，按国际化、高端化、创新化、特色化的要求进行了详细规划设计（规划总体平面图见图 1）。

图 1 规划总体平面图

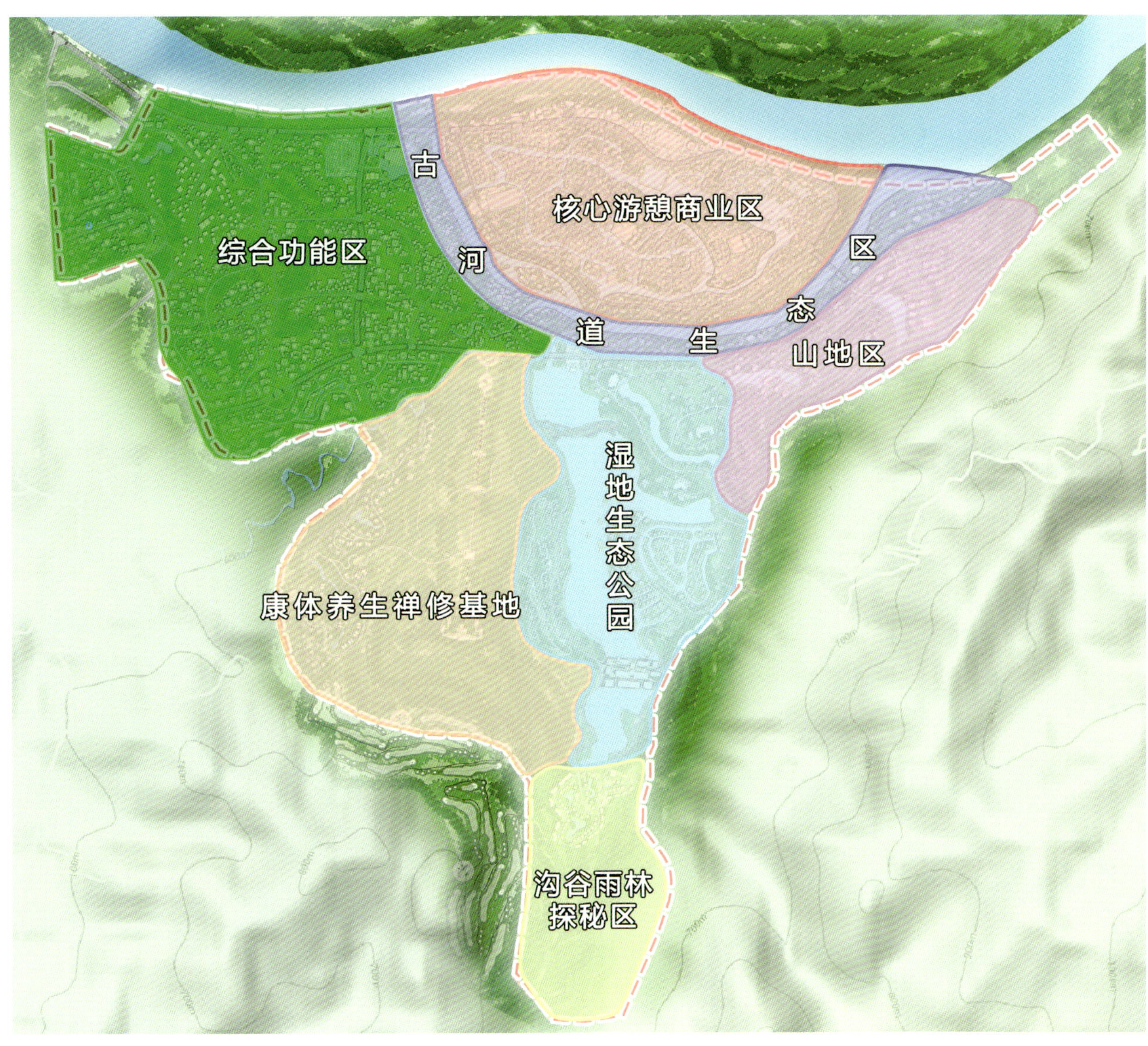

■ 图 2 功能分区

二 规划设计方案

功能分区如图 2 所示。

规划团队秉承生态的、文化的规划设计思路，重点对核心游憩商业区、古河道生态区等七个功能区进行了详细设计。

（一）核心游憩商业区

在核心游憩商业区规划设计了主河道、支河道，河道两岸建筑以傣族建筑风格为主。除河道线状水系的规划设计外，还规划设计了面状水域的水上傣寨。游客可乘小船进入水上傣寨，在水面较大的区域，策划了水上集市这一项目。同时，对控规中的主干道，以路变广场的原则，研究古代清明上河图的街道布局规律，打破规整机械的城市干道、行道树、路灯的布局形式，结合建筑的规划设计，将主干道规划设计成组合丰富、有吸引力、生动、有特色的街道广场。

规划对核心区进行了详细的地块设计。在核心区地形微凸起的地块上，规划设计了由水系环绕的象岛。象岛以大象为主题元素，设计有大象主题的雕塑，使之具有东南亚特色又具童话氛围。在象岛上规划设计了大象巴士、大象巴士站，游客可骑大象、坐大象巴士参观游览体验。在核心区的局部地块上，以东南亚标志性的建筑风格，规划设计了东南亚风情区，以体现东南亚异国风情。

在完成核心区道路水系和平面功能的总体布局之后，规划设计团队对主要节点广场和标志性建筑进行了详细设计，包括中心广场、水广场、大象广场、雨林广场、滨江标志性建筑和沙滩区等。具体如下：

① 中心广场：位于核心区中央，是游客的主要集散地，广场设计占地9000 平方米，广场中设计有百米高塔，是整个核心区的最高点，游客可乘电梯到达塔顶观赏小镇全景。

② 水广场：以水文化的理念和西双版纳天气较热的特点进行规划设计。水广场水深 20 厘米，占地 8000 平方米，游客可在其中尽情亲水戏水，重大节日还可举行大型泼水节活动。

③ 大象广场：位于象岛中央，是一个以大象为主题的广场，占地 3000 平方米。

④ 雨林广场：热带雨林是西双版纳代表性的植物景观，在该区域规划设计了雨林广场、雨林剧场、雨林傣寨。在雨林广场区域规划设计了散放孔雀项目，让游客能充分感受西双版纳特有的动物、植物特色。

⑤ 滨江标志性建筑：该建筑位于澜沧江边，在规划时考虑其除了作为澜沧江边标志性的景观建筑之外，还可作为博物馆、国际艺术展览馆等。

⑥ 沙滩区：利用小镇紧邻江边的区域，规划设计沙滩休闲区，游客可在此休闲、戏水、享受烧烤美食，参与沙滩娱乐项目。

除了上述主要节点广场和标志性建筑之外，规划团队对很多次要节点进行了设计，并设计了众多景观艺术小品和傣族特色的水井，与主要节点相互补充。通过详细设计，核心游憩商业区将成为集水文化、傣族文化、动植物文化、建筑文化于一体的高品质度假商业游憩中心。

（二）古河道生态区

古河道的设计秉承生态自然理念，以恢复其原始生态风貌为主要设计导向。在详细设计中，设计团队规划了河边沙滩、河中沙滩、河中岛等节点，沿生态河岸则以点状的形式设计少量滨水产品，而大部分沿河产品设计在绿化景观之后，有小道通向河边。古河道的规划设计，将形成低密度、高品质的沿河自然生态型、度假休闲带。

（三）桥文化的规划

通过核心游憩商业区、古河道生态区的规划设计，形成了众多宽窄不一的河道水系。依托河道水系，借鉴了中国历史名桥、傣泰特色桥的设计，规划团队设计了众多风格独特、形态各异的桥，以形成桥文化展示基地。

（四）湿地生态公园

利用三条小河的水，规划设计形成湿地公园。湿地公园重点打造湿地生态景观。在湿地的上游利用高差、设计了创意独特的山水生态瀑布主题酒店。山水生态瀑布酒店也是橄榄坝傣族水乡特色小镇的一个标志性酒店。在湿地下游还规划了望湖楼。登上望湖楼，一面可观赏湿地景观、一面可观赏古河道和小镇核心区。

（五）国际社区

依托高品质的湿地景观资源、江河景观资源、热带雨林资源，规划设计了国际化的高端国际居住社区，具体由滨水国际社区、滨江山地国际社区和雨林国际社区等组成。

澜沧江现状水系分布如图 3 所示。

■ 图 3 现状水系分布

（六）综合功能区

综合功能区分为两部分：一部分是傣族田园风光村寨区，另一部分是国际医疗、国际学校综合区。

① 傣族田园风光村寨区：位于古河道河边和澜沧江江边区域，村寨建筑延续傣族杆栏吊脚楼形式，形成西双版纳特有的田园围绕、凤尾竹下、槟榔树下的傣族田园风光村寨。村寨重点发展村寨式精品酒店、傣族精品特色客栈、村寨旅居度假等产品和功能。

② 国际医疗、国际学校综合区：该区域从整体布局上规划形成高低错落的建筑群体，打破了整个规划区建筑平均单一的格局，形成立体的空间结构。该区域重点布局国际康体医疗医院、国际医疗酒店、国际医疗健康旅游产品、国际学校、双语学校、互联网园区等产品和功能，并融入康体养身居住产品和旅居度假产品。

（七）康体养生禅修基地

康体养生禅修基地规划设计了国际禅修养身中心，以禅修养心为基础，将该区域规划为生态的养生、养心康体公园，同时也是整个橄榄坝傣族水乡特色小镇的后花园。

（八）沟谷雨林探秘区

规划充分利用流经该区域的沟谷溪流资源，设计了西双版纳特有的沟谷雨林。在沟谷中规划设计具有东南亚文化特色的文化遗迹、遗址景观，营造热带雨林中消失的勐泐古王宫神秘的文化氛围。

（九）生态设计与文化融入理念

在上述功能区域的设计中，规划设计团队将生态设计、文化融入的理念贯穿始终，并在景观设计、植物配置中得以重点体现。在核心游憩商业区，以片状和点状的形式，自然规划、布置当地特色植物；在古河道生态区，沿河道两岸，以生态自然的方式规划景观植物；在田园风光区，以村寨自然规律布置景观植物；在湿地公园以湿地水生植物、规划设计景观植物；在橄榄坝傣族水乡特色小镇周边的延伸区域，进行退胶还林。通过自然生态的和融入文化的规划设计，为整个规划区营造一个干净、生态、自然而又具有特色的环境。

项目实景图如图 4 所示。

■ 图 4 项目实景图

■ 图 5 设计效果图

三 规划总结

设计效果图如图 5 所示。

通过橄榄坝傣族水乡特色小镇七个功能区的深入设计 ，规划形成了远、近、高、低、大小不同的一百多个景点，形成了"百景水乡、百景小镇"的整体风貌。因此，规划建设团队在规划区域两侧山顶，以及澜沧江对岸、小镇中心广场等地点均设计了高大的观景台，同时在小镇中布局了众多的小景观景台、观景点，让游客在休闲度假游览的同时，能够一览小镇整体风貌，感受处处是景、时时是景。

"橄榄坝傣族水乡特色小镇"已在建设实施中，其规划建设将对橄榄坝平坝区功能板块的其他项目，包括楠景新城、傣族园、温泉度假区和景哈国际生态论坛区等起到龙头带动作用。而橄榄坝平坝区功能板块的规划建设，以及澜沧江景观旅游带和高铁高速交通带的发展，使得西双版纳州景洪市将构建形成"两圈、两带"的大空间格局，形成一个旅游城和国际度假区融合发展的模式，助力西双版纳世界旅游名城的发展。

沙滩示意图（见图 6），建筑示意图（见图 7），标志博物馆示意图（见图 8）。

图 6 沙滩示意图

图 7 建筑示意图

图 8 标志博物馆示意图

官渡古镇文化旅游小镇核心区修建性详细规划

一 规划背景

2010 年 5 月，国家旅游局、住房和城乡建设部正式批复官渡古镇为首批“全国特色旅游景观示范名镇”。2017 年 6 月，云南省特色小镇发展领导小组办公室公布了《云南省特色小镇创建名单》，明确将官渡古镇创建为“全省一流”的特色小镇。本次规划是在已通过审查的《昆明市官渡古镇文化旅游小镇发展总体规划》的基础上进行的《官渡古镇文化旅游小镇核心区修建性详细规划》（以下简称《规划》），《规划》内容细化了总体规划的具体要求，使总体规划的内容得到有效的落实和延续。本次官渡古镇核心区修建性详细规划范围东至昆明市彩云北路，西至季宏路，南至星耀路，北至珥季路，总面积约 132 公顷。

二 规划构思

《规划》立足核心资源特色，充分发挥“官渡古镇”文化品牌效应，突出周边省级公共设施艺术文化氛围，打造以文化创意产业为核心、民俗文化观光体验为支撑的非物质文化遗产保护的示范中心、文化创意产业聚集区、老昆明民俗风情体验区、旅游产业转型升级示范区。

《规划》以全面的文化遗产保护为基础，打造集传统文化展示、传统风貌与民俗体验、特色商业、休闲、创意、商务、居住等多功能于一体的文化古镇、活力古镇，成为官渡区乃至昆明市文化中心的重要品牌。规划团队分别从规划定位与策略、产业发展规划、特色空间规划、特色分区、建筑设计与风貌引导等多方面编制官渡古镇文化旅游小镇核心区修建性详细规划的内容。

规划总平面图如图 1 所示。

图 1 规划总平面图

三 主要内容

（一）产业发展规划

1. 产业发展模式

首先，以泛旅游产业模式推进产城一体、城景联动，通过各类资源整合、空间布局和产业引导，使小镇旅游产业和周边，乃至外围城镇的配套服务产业彼此关联，形成产业链，构建产业集群，实现产业联动，从而以泛旅游产业带动官渡古镇和周边城区的同步发展。其次，通过对功能空间结构的调整，促进消费聚集，扩大旅游规模，丰富旅游业态，实现产业聚集。最后，以产业聚集为基础，实现产业集群化发展，形成以"吸引力景区 + 休闲聚集区 + 综合居住区 + 公共服务设施配套"为发展模式的非建制城镇结构。

2. 产业发展定位

打造由非物质文化遗产文化产业、文化创意产业和民俗旅游产业相辅相成、相互融合的文旅产业体系。

官渡古镇文旅产业体系构建示意图如图 2 所示。

官渡古镇业态组合示意图如图 3 所示。

（1）历史文化产业

以非遗文化保护、发掘和弘扬为主的产业类型作为体系中的核心产业，包括历史文化展示、文博非遗展示、美食文化体验、数字文化体验、非遗传

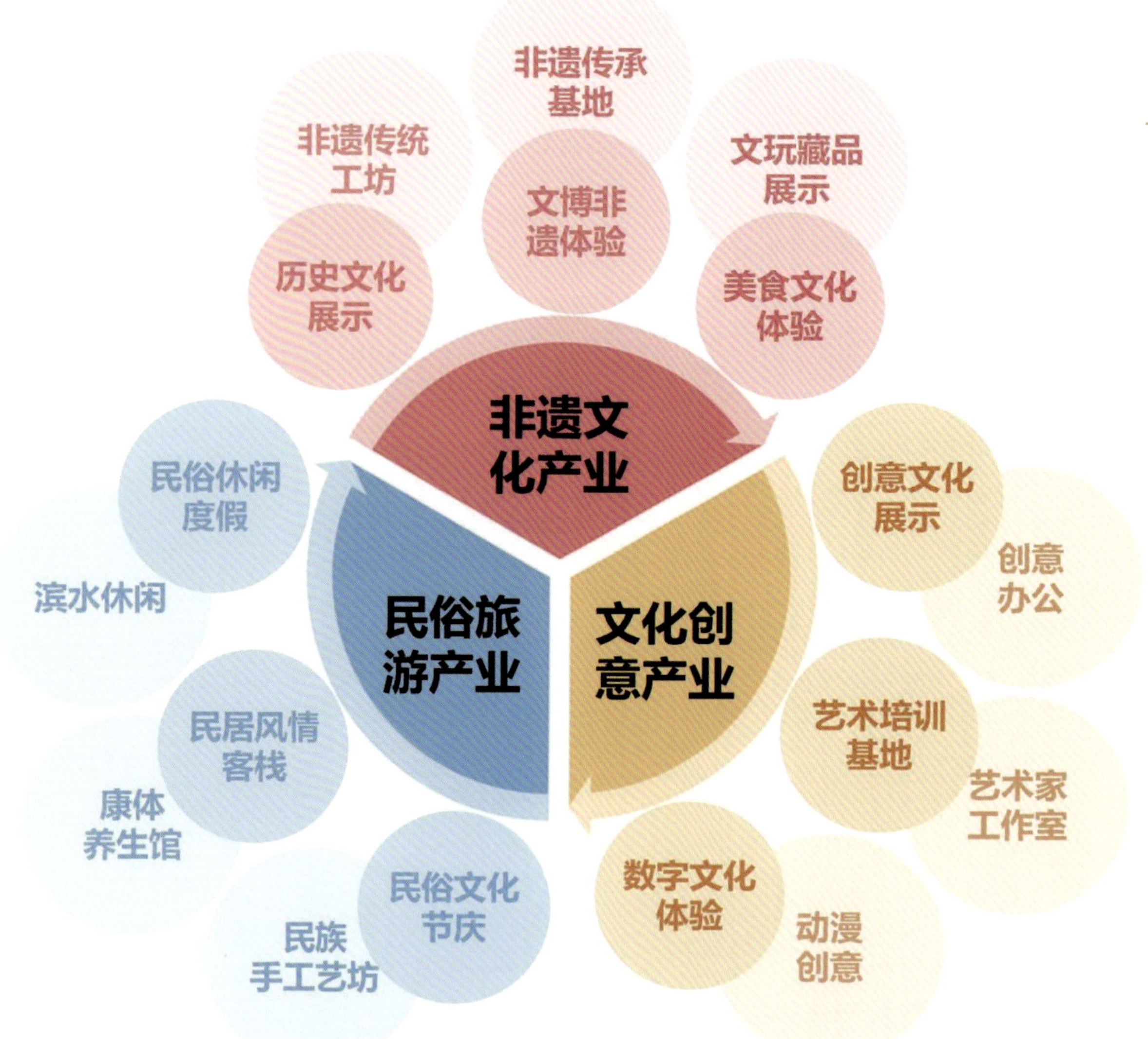

■ 图 2 官渡古镇文旅产业体系构建示意

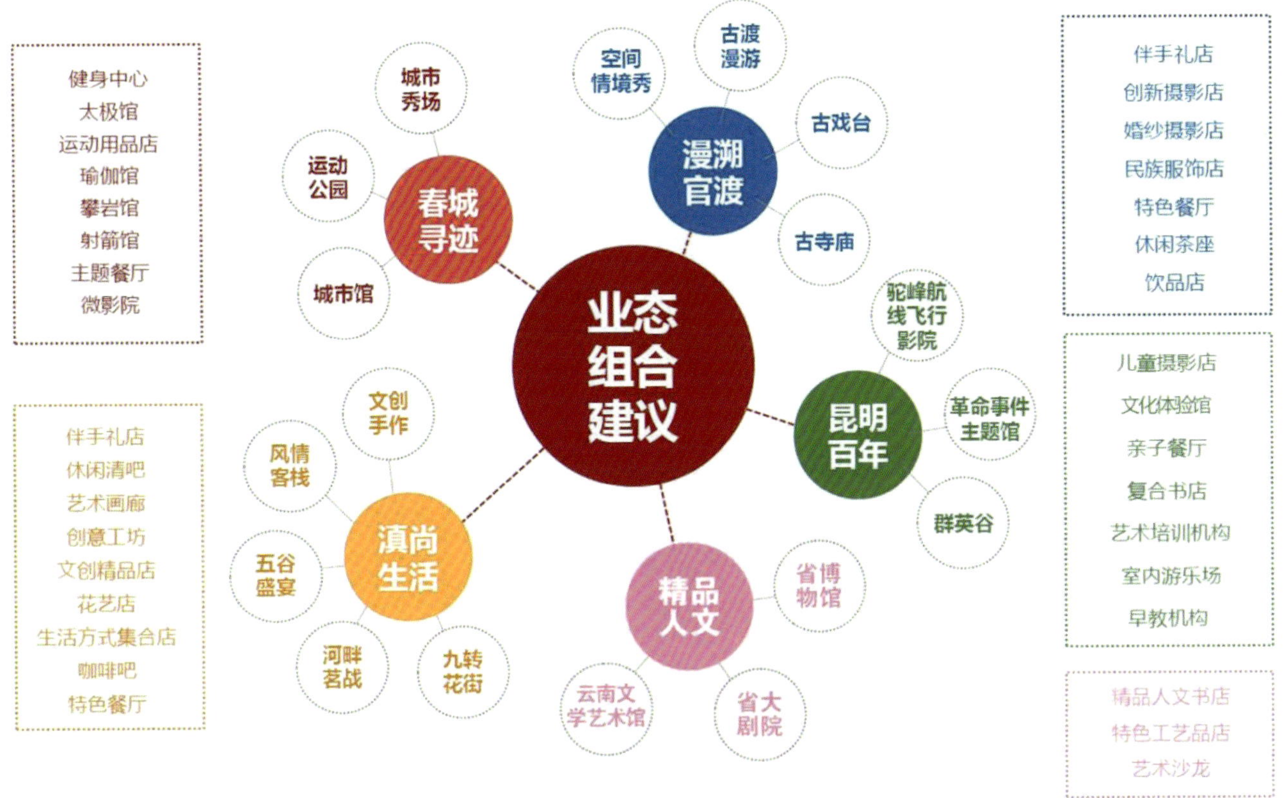

■ 图 3 官渡古镇业态组合示意

承基地、文玩藏品展示等产业类型；结合历史建筑及建成环境，再现凌云烟缭、笔写苍穹、古渡渔灯、螺峰叠翠、月映云台、杏圃牧羊、滇南草坪、坝潭烟柳的官渡八景，以文化串联旅游线路，展示小镇历史文化景观。

(2) 文化创意产业

以云南省博物馆、云南文化艺术馆等为依托，以文化创造力为核心的新兴产业，强调一种主体文化或文化因素，依靠创意型人才，通过技术、创意和产业化方式开发、营销知识产权的行业，是产业体系中的主导产业，同时带动与博物馆文化相关的周边产品的发展，包括创意文化展示、艺术培训基地、艺术家工作室、动漫创意、文创手工作坊、创意办公等产业类型。

(3) 民俗旅游产业

以地方民居、民俗生活环境为依托，为游客提供食、住、行、游、购、娱等丰富旅游体验的产业类型。而产业体系中的支撑性业态，具体包括民俗休闲度假、民居风情客栈、民俗文化节庆、滨水休闲、康体养生馆、民族手工艺坊等产业业态。依托新、老宝象河建设旅游文化休闲长廊，依托官渡古镇民俗文化发展民间手工技艺、农耕文化、官渡特色视听艺术、文化商演、美食购物、休闲娱乐，打造官渡古镇文旅小镇人文风情线。

官渡古镇整体鸟瞰图如图 4 所示。

(二) 特色空间规划

1. 特色结构规划

规划形成"两轴、三心、五区、多点"的特色空间格局。

"两轴"：沿老宝象河形成宝象河文旅体验轴、古镇文化创意展示轴。

"三心"：依托云南省博物馆新馆形成的片区文化展示中心、以官渡古镇老十字

图 4 官渡古镇整体鸟瞰图

老宝象河文化景观带

昆明百年
历史文化展示园区

滇尚生活
民俗休闲体验街区
文化创意产业基地

漫溯官渡
非遗文化传承基地
文化创意手工作坊

春城寻迹
滨水休闲开放公园

新宝象河活力景观带

精品人文
文化艺术展示中心

0 50 100 200m

官渡古镇核心区产业发展布局规划图

图 5 特色功能分区规划

街为基础形成的历史文化核心、以燃灯寺为基础形成的传统民俗休闲体验核心。

"五区"：以非遗文化展示体验与商业发展为主的漫溯官渡非遗文化展示区；以地域历史文化展示与文创产业发展为主的昆明百年历史文化展示区；以传统民俗文化体验与滨水休闲产业发展为主的滇尚生活民俗休闲体验区；以云南人文展示宣传为主的精品人文地域文化展示区；以城市公共开放空间为主的春城寻迹城市活力展示区。

"多点"：多个历史文化景观节点。

特色功能分区规划图如图 5 所示。

官渡古镇核心区空间结构规划如图 6 所示。

2. 道路交通系统规划

区域交通衔接：古镇周边将建成地铁、高速路、快速路、城市主次干路等为一体的交通网络，加强区域交通的便捷性和可达性。

慢行系统规划：规划中沿新宝象河滨水景观带开辟步行道路系统，与滨水商业设施相结合，形成片区较为完整的慢行系统。

公交系统规划：建立以多方连接为目的，轨道交通、公交系统、慢行交通等多重交通为一体的客运网络。并结合公共交通运行时间，建议对古镇内私家车通行进行分区、分时段管控。

地下通道规划：建议结合地铁 7 号线站点设置打通片区地下步行空间，更好地将官渡古镇与云南文化艺术馆、云南省博物馆、云南省大剧院聚集联动。

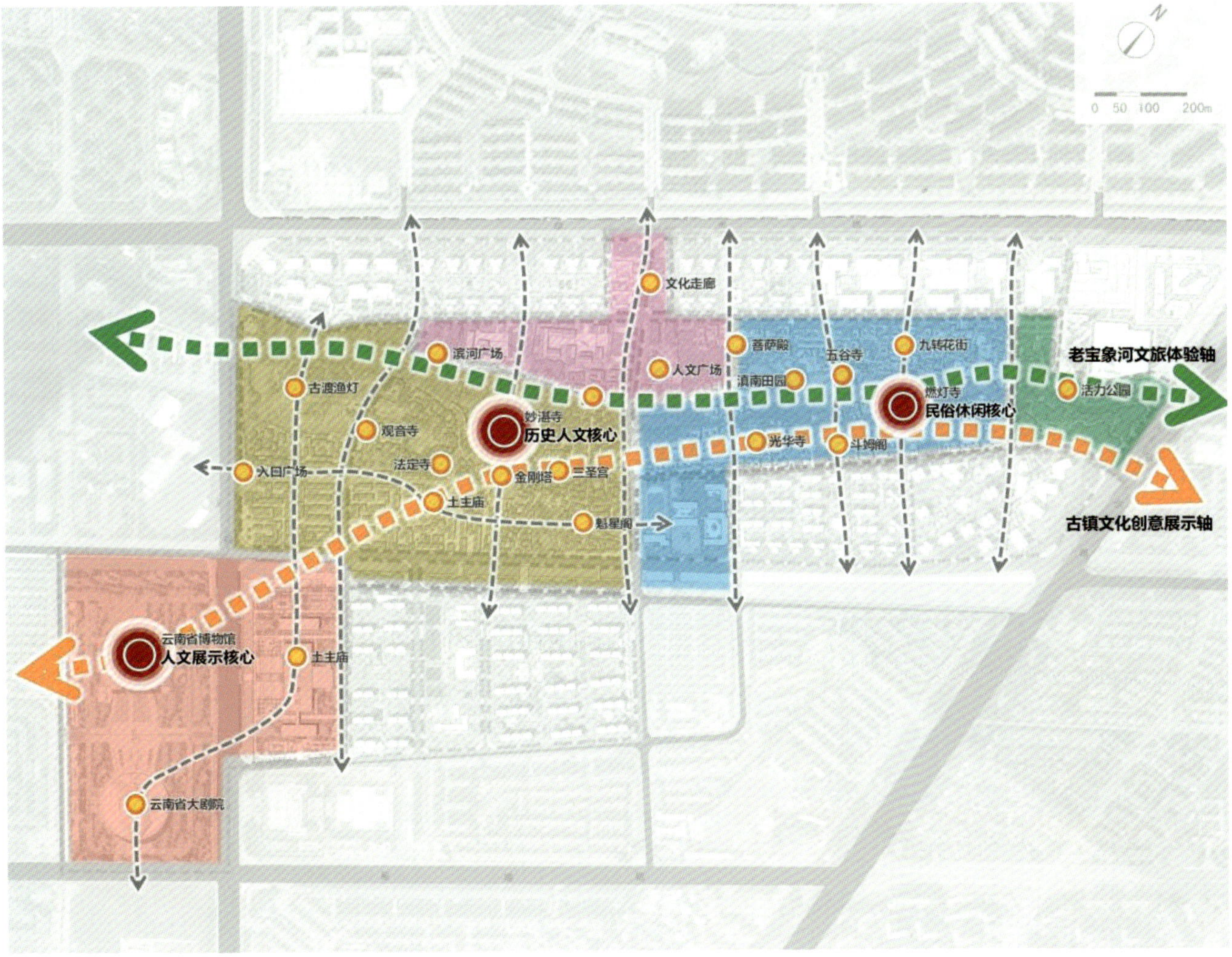

■ 图 6 官渡古镇核心区空间结构规划

客量近 1 万人，应设置与之对应的公共车位。

3. 绿地景观系统规划

两轴：打造老宝象河文化景观带、新宝象河活力景观带。

六核：构建古渡渔灯景观核、月映云台景观核、凌云烟饶景观核、滇南草坪景观核、坝潭烟柳景观核、活力公园景观核。

4. 旅游配套设施规划

本次规划结合旅游线路的设置，按照 4A 级景区的要求，对小镇范围内的相关设施进行增补、完善和提升，以更好地服务游客、支撑小镇旅游产业的发展。规划布置游客服务中心 2 处，游客服务站 7 处，同时布局问询处、医务处、卫生间、旅游停车场、礼品店、ATM 取款机、餐饮处、休息处和警务处等重要的游客服务设施，以提升游客在官渡古镇文旅小镇的便利性。

5. 生态环境提升规划

雨洪管理系统规划：依托新老宝象河、雨水管廊、绿地广场中的植被浅沟建立生态雨洪廊道系统，在有效减轻城市排水负担、缓解城市内涝的同时，将雨水资源化利用，并恢复城市地表的天然入渗过程。

绿地生境体系：结合新、老宝象河滨水廊道，恢复古镇区域生态系统，构建城市绿色廊道，通过滨水岸线植被生态恢复，营造鸟类、鱼类、两栖类、昆虫等的栖息场所。

绿色建筑设计：通过绿色屋顶、雨水收集桶、雨水蓄水池等人工构筑物，尽可能将来自建筑的雨水径流引入场地中的雨水处理设施，同时为更好地建设绿色建筑奠定基础。

四 创新与特色

（一）依照上位规划严格落实历史文化保护要求

1. 开展非物质文化遗产生产性保护研究

规划团队全面梳理分析了古镇非物质文化遗产的保护与传承现状，结合现在存在的问题及保护的重要性，提出非物质文化遗产生产性保护的路径和策略，并结合产业布局进行空间落位。

历史文化保护区划如图 7 所示。

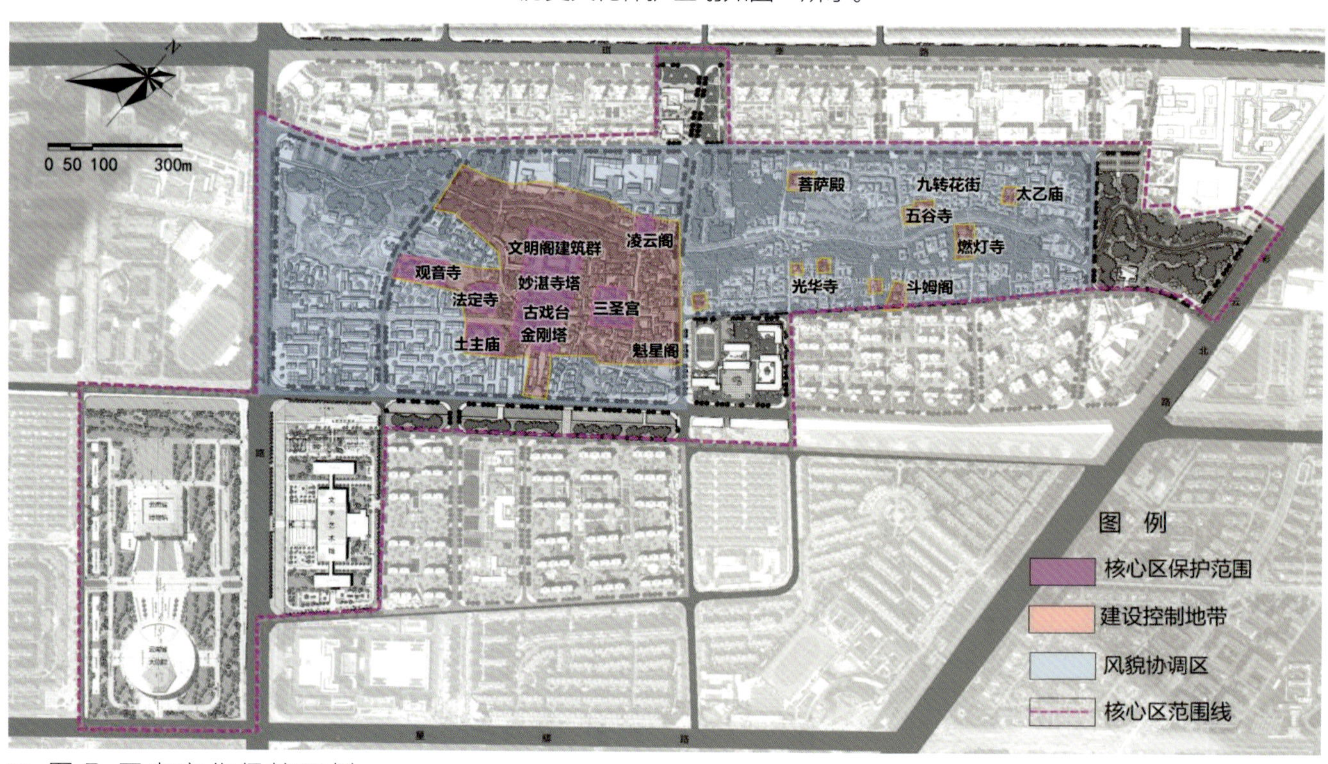

■ 图 7 历史文化保护区划

■ 图 8 魁星阁传统商业街效果图

2. 划定保护区划

坚持"核心严控，外围放松"的思路划定保护区划。

核心保护范围：严格按照文物、历史建筑修缮方案进行，除对破坏文物、历史建筑本体及其周边环境真实性、完整性的不协调建筑进行风貌恢复外，未进行新建、改建、扩建。

建设控制地带：未进行与保护无关的建设、拆迁，严格按照风貌、肌理保护要求进行整治、改造。

风貌协调区：保护、延续传统风貌，强化景观视廊控制，结合非物质文化遗产传承，保护文化景观。

3. 保护结构规划

按照上位规划，以"点、面、线"的保护结构严格保护古镇物质文化遗产。"点"即落实对保护建筑、历史建筑、风貌建筑及名木古树、古井、古桥等点状历史环境的保护；"线"即对宝象河、传统街巷线形要素及其形成的传统格局的线性要素保护；"面"即整个保护范围内进行风貌控制，包括官渡古城、西庄村和六谷村区域。

4. 传统街巷格局保护规划

保护官渡古镇传统街巷肌理及其形成的传统格局，具体为：保留金刚塔周边广场、十字街的传统风貌和格局，保留街道、巷弄曲折和多变的线形，保护街道、巷道中的古树、广场等节点，保持其整体景观风貌特色。对沿宝象河两岸分别后退河堤 50 米，作为滨河开敞空间以保护宝象河沿河景观；保留沿新大街轴线经金刚塔至宝象河对岸的开敞空间，以保证其视廊的畅通。

魁星阁传统商业街效果图如图 8 所示。

（二）严格规划控制古镇的整体风貌

1. 重要视廊控制

以重要文物保护单位和保护建筑为控制要素，通过视廊建立景观点之间的呼应关系。依据保护结构框架共形成两条南北向和三条东西向的重要视廊。其中东西向的两条视廊规划将其延伸至古镇核心区外围进行控制，保证重要历史建筑视廊区域不出现突兀的现代高层建筑，保持其天际线的完整性。

2. 建筑高度控制

官渡古镇核心区范围内根据保护建筑的视廊控制，从而划分出古镇区域内的建筑高度。其中，官渡古镇核心商业街区建筑高度控制在 9 米以内，主要沿街面建筑檐口不得超过 6 米，周边学校、文化、配套设施等建筑高度控制在 24 米以内。

3. 古镇空间形态导引

整合建筑形体、开敞空间和步行线路，在严格控制核心区域的基础上，周边新建筑尺度体量风格应协调，塑造古镇整体多样的传统风貌。对街区内文物保护单位建筑、历史建筑应严格维持原貌，对需要修缮的建筑应尽量按照"修旧如旧"的原则，还原和保护其完整的历史信息和要素。对于街区内或周围需要整治的建筑以及新建建筑，应融入古镇传统建筑元素，保证整体风貌的统一性。

4. 古镇景观风貌塑造导引

为保留和传承官渡古镇的历史记忆，弘扬当地传统文化，彰显官渡古镇文旅小镇的文化特色风貌，本次特色小镇打造过程中，将通过塑造 "官渡新八景"，形成小镇特色景观；通过新老宝象河、水渠体系、历史街巷构筑文化景观网络。

5. 街巷空间导引

古镇核心区内，延续传统的街巷肌理和街巷尺度，通过不同类型的街巷组合，形成"大街小巷"的街巷格局。延续传统的街巷肌理、建筑平面形式，构成富有韵律感的群体组合模式。

6. 建筑风貌导引

核心区传统建筑风貌引导：古镇传统风貌区的建筑应保留"一颗印"的昆明传统建筑风格，形成三坊一照壁的院落空间，体现地方传统建筑的风貌。

■ 图 9 现状建成实景

■ 图 10 建筑单体设计

核心区新建建筑风貌引导：按照“环境应答、肌理协调、变异适度”的原则进行引导。运用立面构成原理，规划建议采用三段式设计，重点在建筑顶部、基座刻画体现新中式建筑元素，墙身通过建筑材料、色彩的搭配，达到整体协调。

7. 景观小品导引

景观小品能体现官渡古镇特色文化内涵，提升小镇形象，满足旅游服务需求。规划建议增加新元素主要以体现传统文化为主，增设唤醒历史记忆的标识和小品，各类设施应与街道整体风貌相协调。

现状建成实景如图 9 所示。

（三）基于信息技术的智慧旅游及消防安全保障措施创新

1. 智慧旅游标识系统规划

结合智慧旅游建设，规划建议加强古镇旅游标识系统的数字化与信息化，创建官渡古镇旅游服务官方网站、电子门票系统、电子商务系统、紧急呼叫中心、移动解说系统、导览系统、数据中心等云平台。

2. 古镇消防规划措施

规划增设古镇的基础设施，完善消防车救灾半径，设置信息化实时监控的消防控制系统，设置消防控制中心，实行区域 24 小时监控，以街巷划分防火区域，划分组团，实现防火隔离、防火材料的运用，提高建筑的耐火等级。

（四）基于本土特色的建筑设计创新

1. 建筑风格分区

为恢复传承官渡片区原有的建筑风格，规划中结合整体功能布局，在片区内形成以不同时期为特点的建筑。沿古镇内主要游览轴线分别进行商业改造、庭院改造、一颗印改造、四合院改造，形成由商业风格到传统民居风格过渡的游览体验。

2. 建筑单体设计

延续传统官渡古镇建筑风格，采用与传统格局及构造一致的平面形式，庭院串联，灵活分隔；并衍生出适用于商业、会所、餐饮、办公等功能的空间布局，满足消防疏散需要。外立面延续传统尺度和比例，主要采用传统材料做法，局部点缀现代材料及现代构造手法与之统一协调，建筑单体设计（见图 10）。

2020 云南文化和旅游规划设计优秀成果集 | Collection of Excellent Culture and Tourism Development Plans of Yunnan in 2020

乡村旅游规划篇

实践证明，乡村旅游是巩固脱贫攻坚成果、推动乡村振兴的有效路径。云南众多优质的文化和旅游资源均集中在乡村，诸多地区的乡村旅游具备发展成为乡村优势产业、推动农业农村现代化核心动力的条件。云南旅游在推动乡村发展方面积累了较好的经验。

《石林县上蒲草村阿诗玛民族文化农庄建设规划》重点从乡村文化挖掘、文旅融合推动乡村旅游这一角度进行切入来开展规划设计。《迪庆州德钦县大村村委会大村村旅游扶贫专项规划》《金顶镇大龙村村委会梅树坪旅游扶贫示范村建设项目》两个项目从如何发展乡村旅游经济有效带动脱贫的角度进行了深入思考。

本篇编录的规划项目有：
石林县上蒲草村阿诗玛民族文化农庄建设规划
迪庆州德钦县大村村村委会大村村旅游扶贫专项规划
金顶镇大龙村村委会梅树坪旅游扶贫示范村建设项目

石林县上蒲草村阿诗玛民族文化农庄建设规划

导语

当下，越来越多的传统乡村如抽取了灵魂的躯壳般被遗弃，中国人花了数千年构筑的乡村被当成一块“鸡肋”，变成“食之无味，弃之可惜”的构筑物。由于城市与乡村之间没有构成和谐相处的心理和思想的平衡机制，形成了“精神瘸腿”。

在这样的背景下，作为规划者的我们希望传统式乡村的衰败消退不是这类乡村的宿命，而只是整体乡村演变进程的某一过渡阶段的暂时现象，在此愿景下探讨有价值的传统式乡村的规划手法及可行性策略，为传统式乡村振兴添砖加瓦，保留心灵寄托之所，让快速城市化的背后有发展之根可寻，精神有所皈依。

石林县上蒲草村便是这样一个典型的有着阿诗玛文化的少数民族村落，规划试图通过注入文化以唤起乡愁，振兴乡村。在重振乡村中提出“文化场景化、文化产品化、文旅一体化、文化实体化”的四个“文化 + ”策略，为传统式乡村的发展加一“砝码”，助力城市和乡村的天平平衡。

一 规划背景

美丽乡村建设背景：国家农业部于 2013 年启动了“美丽乡村”创建活动，于 2014 年 2 月正式对外发布美丽乡村建设十大模式，为全国的美丽乡村建设提供范本和借鉴。

云南省试点文化农庄建设背景：2015 年，云南省文化厅以创新非物质文化遗产保护与传承形式，发展乡村文化旅游和特色文化产业为目标，在全国率先提出打造文化农庄的构想，确定了五个文化农庄试点，其中昆明市石林县上蒲草村为试点之一。

二 认识石林

（一）奇异的世界自然遗产地

石林遍布着上百个黑色大森林一般的巨石群。有的独立成景，有的纵横交错，连成一片，占地数十亩、百亩不等。最典型的李子营石林，奇石拔地而起，参差峰峦，千姿百态，鬼斧神工，被人们誉为“天下第一奇观”。

（二）神秘的撒尼人聚居区

撒尼是彝族的一支系，人口 10 余万，其中石林县有 6 万余人。石林县是撒尼人的主要聚居区，是撒尼民族文化的主要承载地。

（三）美丽的阿诗玛故乡

一部《阿诗玛》电影，一首《阿诗玛》长诗，一曲撒尼民歌《远方的客人请你留下来》，让中国人认识并向往石林。在石林，年轻漂亮的姑娘都叫阿诗玛，帅气活力的小伙都叫阿黑哥。

（四）自然环境要素

1. 村落与水——择水而生

撒尼村落的选址依水而定，一般居住在池塘边或离池塘不远的地方。上蒲草村以西侧池塘为核心，绕池塘呈弧形分布，村民面水而居。

2. 村落与山——傍山而居

撒尼村选址多在山脚和半坡山，可避风沙、水灾等自然灾害。上蒲草村坐落于山坡上，村庄坐东朝西，自核心水塘起向东层层升高，整个村落层次分明。

3. 村落与林——自然共生

撒尼村注重生态环境保护，上蒲草村周边树林丛生，生态环境良好。

■ 图 1 村庄全貌现状图

4. 村落与树——树屋一体

上蒲草村落里古树点点，多数房屋结合树木而建，村内树木与村民生活、生态息息相关。

村庄全貌现状图（见图 1）。

三 “文化 + 理念”的提出及落实

本次规划在重振乡村中提出“文化场景化、文化产品化、文旅一体化、文化实体化”的四个“文化 +”策略，探讨类似传统式乡村的规划手法及可行性策略。

（一）“文化 + 生活”的文化场景化

要做“为引导式”的规划，保留村民的自发性、社会性活动场所，以此作为邻里空间和集体活动空间的打造依据。以上蒲草村为例，调研后发现上蒲草村村民活动表现出强烈的中心性，村庄中心的水塘边是人为秩序最突出的一点，是村民节庆活动、集体开会的场地，这种中心性早已融入每个村民的意愿中。规划保留这种精神中心区域，在此处规划文化广场、水上舞台、阿诗玛文化展览馆、露天电影院等，将其打造成全村最核心的节点，在文化广场的设计上采用撒尼传统元素和花纹，体现撒尼民族特色。

挖掘当地历史沿革、神话传说后将其融入生活中，以节庆活动、生产生活方式、场景空间再造等多种方法重现故事场景，在农庄游览、参与节庆、农事体验等过程中深入感受当地文化。

规划总平面图（见图 2）。

观景楼
水上舞台
文化展览馆
小学
（农培学校）
生态停车场
纪念碑
新寨门
射箭场
阿诗玛文化广场
入口小广场
斗牛场
新区
1 彝人农庄
2 撒尼风情客栈
3 捕鱼池
4 清水塘
5 练箭场
6 浑水塘
7 水上舞台
8 媒人树
9 飞马岩
10 丰收花园
11 阿诗玛文化广场
12 抢花炮训练基地
13 塘心岛
14 回音广场
15 阿诗玛文化馆
16 文化长廊
17 老年活动中心、客堂
18 毕恒光故居
19 小学（文化技艺培训学校）
20 幼儿园、卫生室
21 入口小广场
22 公房客栈
23 艺术品商店
24 景观水池
25 生态停车场
26 对歌台
27 摔跤斗牛场
28 公厕、垃圾收集点
29 革命烈士纪念塔
30 寨门
31 过街楼
32 山神庙
33 祭龙山
34 杀猪山
35 杀牛山
36 求雨山
37 密枝林
38 晒谷场
图例
保留建筑
新增建筑
村庄道路
步行巷道
景观步道
水系
绿化
规划范围线
N
X2738800
X2738600
X2738400
X2738200
X2738000
X2737800
X2737600
Y632600
Y632800
Y633000
Y633200
Y633400

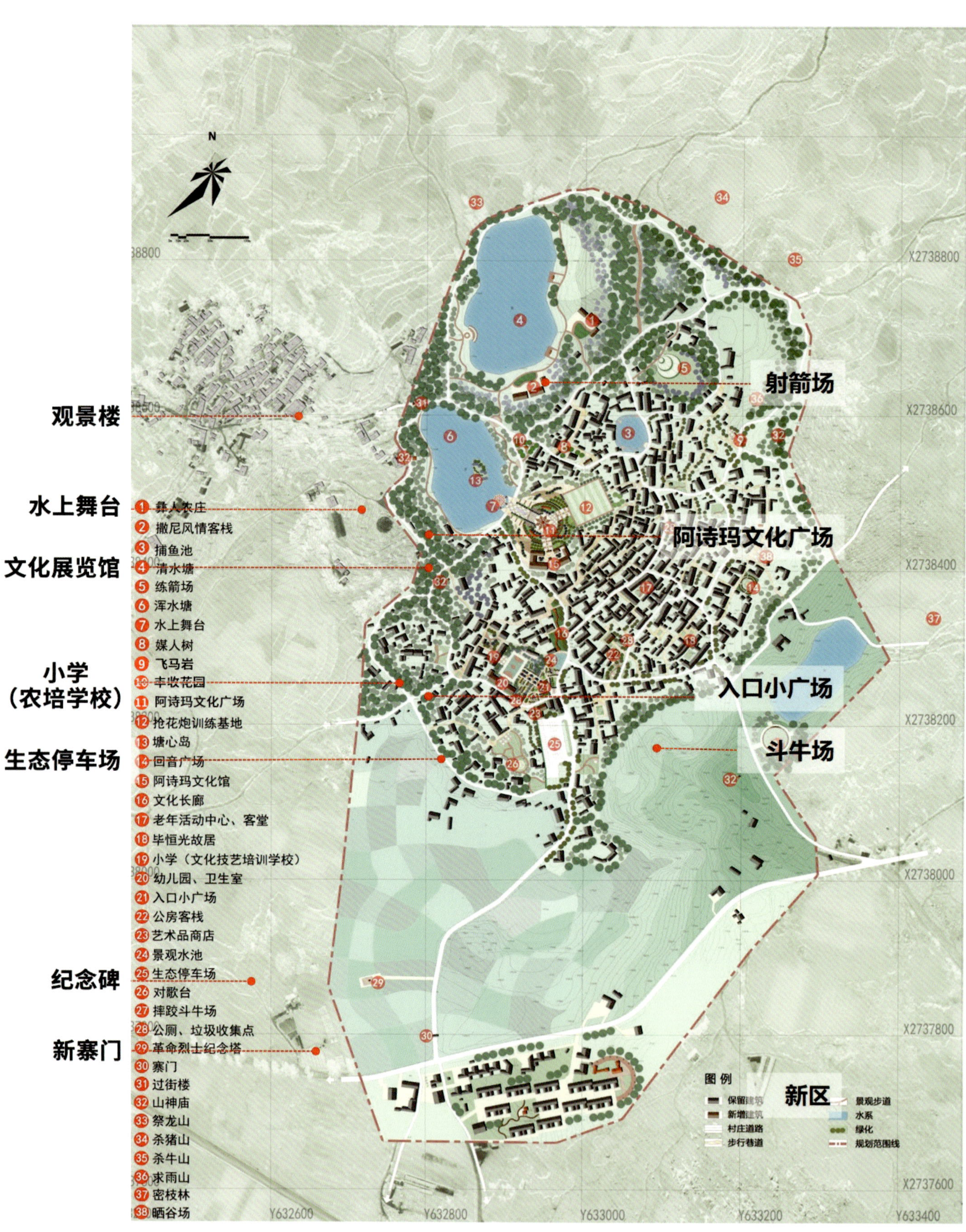

■ 图 2 规划总平面图

（二）“文化＋生产”的文化产品化

“抢救性保护和继承优秀的传统文化，促进乡村文化旅游可持续发展。”

党的十九大报告中提出实施乡村振兴战略，无疑对乡村文化的传承与重塑提出了更高的要求。“乡村振兴离不开文化支撑，特色文化大多根植于乡村，特色文化产业发展要抢抓乡村振兴战略”，国家发改委宏观经济研究院卞靖如是说，说到底当前乡村发展最重要、最关键的是要发展产业，经济上去了才能留得住人。中国社会是一个乡土社会，乡村振兴的最终目的与本质是回归乡土中国，同时在现代化条件下超越乡土中国。如今像上蒲草村这样的传统乡村特色资源、人文资源丰富，后发优势明显，有着很大的多元化发展可能空间。规划首先对上蒲草村特色手工艺进行深入挖掘并进行针对性选取分类，之后科学的策划文化产品诞生，并进行产品推广与销售，整个过程中最核心的部分是鼓励村民参与，让每个村民切实参与到家乡建设中，实现“家家是传习馆，户户是加工坊，楼楼是展销点，个个是文化人”的目标。

（三）“文化＋旅游”的文旅一体化

“发展以乡村文化为核心的浸入式旅游。”

乡村旅游不再仅仅是单纯的消遣和娱乐，而是可以从中得到物质需求和精神需求的双重满足，其中情感和情绪的经历和感受尤其重要，这使得上蒲草的旅游更有灵魂和文化，更可能实现可持续发展。

为满足差异化游客的旅游需求，规划了四条主题鲜明的旅游线路，分别是阿诗玛文化游线、休闲文化游线、农耕文化游线和红色文化游线。四条游线相互交叉重合，其中增设多处旅游节点，让游客进入场景设计中，将旅行活动与旅行体验融为一体，实现浸入式深度旅游。在阿诗玛文化游线中化身美丽的阿诗玛或是英勇的阿黑哥，参与挑战并获得胜利，与恶霸斗智斗勇，深度感受阿诗玛故事情景；在休闲文化游中放松身心，住在美丽淳朴的撒尼村庄，享受远离城市喧嚣的片刻宁静；参与农耕文化游，体验农村耕作，开发更多适合亲子游的活动，让年老者找到乡愁、让中年者找到童趣、让青少年接受教育和体验。例如，学插秧、踩水车、到菜地摘菜、到田间了解农作……或是在红色文化游中参观革命英雄纪念塔、革命烈士毕恒光故居，感受少数民族顽强不屈的抗争精神。

产业情况（见图 3）。

战略解析——“文化+”战略

文化产品化：培养壮大传统技艺，形成具有民族特色的文化产品，如撒尼刺绣、手工艺品等

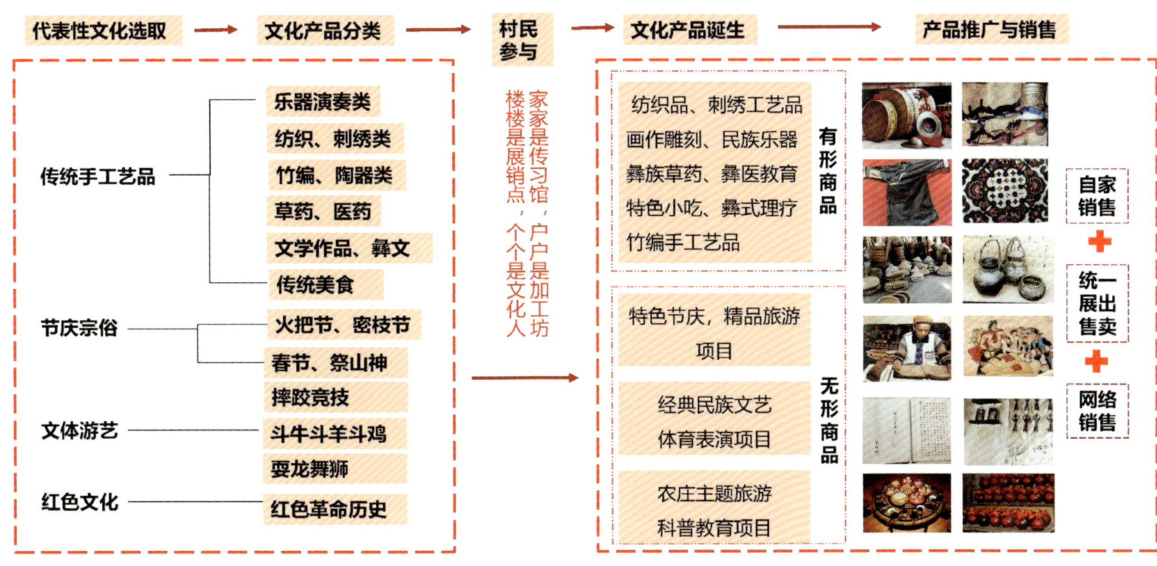

■ 图 3 产业情况

■ 图 4 核心区规划平面图

（四）“文化 + 风貌”的文化实体化

“提倡乡村规划的‘留白’之道。”

传统风貌较好的村庄基本是自然形成的，而不是人为干预下的规划而来，如果用一个关键词来总结人类聚落和村庄发展的主体模式，那就是“自发有机”。这一持续了千年的动力模式至今依然显示了其生命力，这种自下而上的发展模式依然能够发挥很好的作用，在某些情况下甚至做得更好，反而是一味地横加干预会造成不必要的麻烦。正所谓“全则必缺，极则必反，盈则必亏”。这就是规划中的“留白”，留出自发演化的良好空间，让本就具有活力的村庄尽可能地自我输血，创造更多规划以外的可能性。

在本次规划的文化实体化方面，运用留白之道，一是村庄文化空间“留白”，二是在村庄整体风貌整治“留白”。每一个自发形成的村庄都有其文化空间，这一空间往往也是大家默许的集体记忆场所，就本项目而言，该空间位于村庄正中水塘旁的空地，也是村里的红白喜事和村民会议所在地。规划不再人为地另择场地作为活动空间，而是保留和延续水塘边广场的集体记忆，并升华其价值，只在环境上进行提升和改造。文化空间的留白，留的不仅是空间和物质载体，更是文化的原真性、在地性和认同感。在村庄风貌整治方面，保留目前村民自发在墙面上绘制的撒尼族民族图腾，认为这是最能代表当地文化的符号之一，并鼓励村民创造，自发建房、装饰村宅外观、绘制墙画等，在保证风貌协调的情况下尽可能留出空间给当地村民。我们希望这不单纯是一种物质上的更新，更是一种以文化为灵魂的“内容创造”，在帮助传统村庄留下“形”的同时能留下“魂”。

核心区规划平面图（见图 4）。

（五）总结与思考

类似上蒲草村这样的传统式乡村文化特征突出，人文资源丰富，后发优势明显，有着很大的多元化发展可能空间。

（1）规划者应该站在历史的节点上做规划，“不以村小而不为”，规划要对村庄的过去和未来负责任。

（2）倡导一种“行为引导式的规划”，保留村民的自发性、社会性活动场所，以此作为邻里空间和集体活动空间的打造依据，进而延续村民的集体记忆。

（3） 不做干预式的规划，给乡村更多的“文化留白”，留出自发演化的良好空间，力求在适度的引导下创造更多的乡村可能性。

风貌整治（见图 5）。

整治后
(1) 屋顶改造为坡面瓦顶
(2) 改造木窗，墙面刷红，图案彩绘装饰
(3) 围墙拆除，种植绿篱1
(4) 设置亲水平台
(5) 增加绿化

整治前

图 5 风貌整治

迪庆州德钦县大村村村委会大村村旅游扶贫专项规划

一 规划背景

云南是我国脱贫攻坚的主战场，而迪庆州作为云南西北高寒深度贫困山区，其贫困村庄脱贫和发展工作是重中之重。大村村属于云南省迪庆州德钦县拖顶乡大村村村委会，地处金沙江西岸，是国家第二批"国家级传统村落"，村庄地处云南西北高寒深度贫困山区，发展模式极具典型性。因此，在原国家旅游局办公室关于开展"三区三州"深度贫困地区旅游规划扶贫公益行动中，大村村被推选为云南省 2018 年国家旅游扶贫的试点。

大村村作为第二批国家级传统村落"，地处傈僳族、藏族、纳西族共融地带，文化兼容，是中国"天人合一"人居环境的典范，保护价值极高；但目前村落的风貌管控松散，亟须对大村村的核心保护区、风貌协调区进行整体控制，保护传统格局与建筑风貌。

云南省德钦县大村村整体村落风貌现状图（见图 1）。

二 项目特点

大村村处于云南省"三江并流"流域，属于典型的山区村庄，总体上看村庄呈现地势较高、交通不便，人口流动小、产业单一等特征。因此，以旅游带动村庄发展，以旅游带动村庄脱贫存在较大的挑战。本质原因在于品质性旅游资源单一、旅游吸引力不足，进而导致村庄产业转型面临动力不足的问题。同时，怎样使贫困户在村庄发展中受益并脱贫是编制旅游扶贫规划需要考虑的重要问题。

图 1 云南省德钦县大村村整体村落风貌现状图

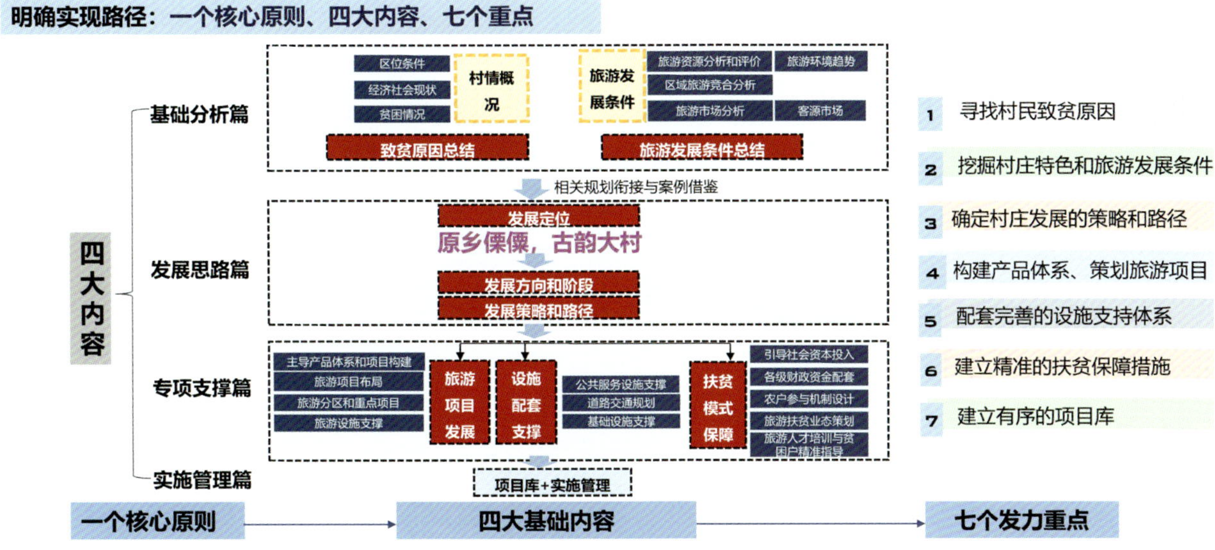

■ 图 2 规划技术路线图

三 规划思路

（一）规划构思

按照国家、省、市对村庄发展的要求，结合大村村的自身特征，规划应充分发挥大村村区位优势和大村村国家级传统村落这一"国字号"招牌的影响力，依托村内保留完整的建筑群风貌、良好的生态环境和独具特色的傈僳族文化，打造一处能让人真正感受中国多民族融合的村落历史文化氛围和"天人合一"人居环境的村寨。规划以"原乡傈僳，古韵大村"的旅游发展定位，将打造藏区里的傈僳族传统村落。

规划形成四大发展重点：一是将旅游产业转型发展作为大村村发展的重点研究方向；二是将旅游空间联动发展作为大村村发展的重要基础；三是将基础设施强化作为大村村发展的基本保障；四是将民居特色塑造与管控体系作为大村村发展的新亮点和建设管理依据。

（二）规划技术路线

规划结合项目的背景和特色，提出"一个核心原则、四大内容、七个发力重点"的规划技术路线框架。

（1）一个核心原则：贫困户必须在村庄发展中获益。

（2）四大内容：一是基于贫困情况和旅游发展条件调研，进行详细基础分析。二是在衔接上位规划及借鉴先进案例的基础上确定村庄发展方向；三是从构建旅游项目体系、配套设施支撑体系、扶贫模式保障体系等三方面建立推动村庄发展的专项支撑体系；四是通过建立项目库和提出管理措施以保障规划实施。

（3）七个发力重点：寻找村民致贫原因、挖掘村庄特色和旅游发展条件、确定村庄发展的策略和路径、策划旅游项目构建产品体系、配套完善的设施支撑体系、建立精准的扶贫保障措施、建立有序实施的项目库。

规划技术路线图（见图 2）。

四 规划主要内容

规划重点对村庄现在的特色资源、贫困户等进行了详细的调查，结合资源梳理和村庄特色重点，规划突出总体发展定位、产业融合发展、区域联动发展、村庄特色空间塑造、保护与发展并行、基础设施强化等规划内容，引导新形势下大村村的精准扶贫与可持续发展。

1. 以文化保护和贫困成因为切入点，进行详细的现状调研

规划团队对大村村建筑风貌、质量、建设年代、街巷空间、院落空间、公共空间的权属进行详细的摸底，对重点特色建筑进行测绘建档，保护传统文化。同时，规划团队对规划涉及的 31 户建档立卡户进行详细的入户调查，找准贫困户和贫困成

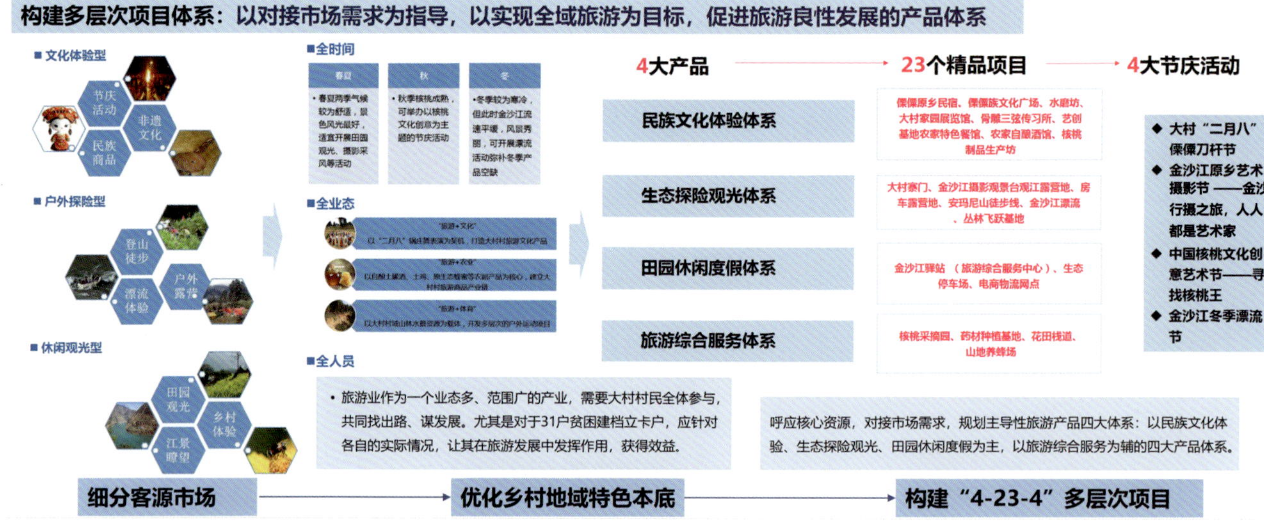

图 3 多层次旅游项目体系

因，将属于规划区范围内的建档立卡户进行空间落点，为规划提供基础支撑，实现精准扶贫，使规划更具针对性。

2. 依据民族文化空间分布特征，设计立体旅游体验线路

在分析总结的基础上，规划对大村村旅游发展的形象定位为“原乡傈僳，古韵大村”，以及“天人合一”的人居环境，藏区里的傈僳族传统村落。

在挖掘大村村现存旅游资源，分析资源核心特色的基础上，我们深入分析了傈僳族、藏族、纳西族等不同民族在金沙江流域建造居住地的地理空间特征，提出了保留多民族文化交融下乡村文化景观的原乡韵味，开辟立体旅游体验线路的策略。

3. 找准主流旅游客源市场，构建全年全时项目体系

从区域协同发展的角度，进行多角度的竞合分析，对大村村的旅游市场从大区域到周边区域进行整体研究，并对自身的旅游资源进行梳理、归类、评估。在市场与自身资源的对比分析下，科学分析并认清市场局势，精准定位主流客源市场，布局旅游项目。

规划构建了“4—23—4”多层次的全年全时项目体系，以促进旅游良性发展。即四大产品体系为民族文化体验产品体系、生态探险观光产品体系、田园休闲度假产品体系、旅游综合服务体系，以及 23 个精品项目、四大文化旅游节庆活动。

4. 以强化传统物质文化要素保护为载体，构建保护体系

保护与发展并行，规划对自然环境及空间格局、现存建筑、风貌提升等进行针对性的引导。规划首先加强自然环境及空间格局的保护，构建“山体—农田—村寨—街巷—院落—建筑—其他历史环境要素（古树等）”的立体保护格局。其次，在对现存建筑质量、风貌等进行分析的基础上，提出保护、保留、更新三类建筑保护措施。最后，根据目前的建筑风貌情况，按照风貌保留类建筑、风貌改造类建筑两类建筑进行建筑整治提升。

5. 以现代技术延续古老智慧，建立特殊地势下的基础设施体系

结合大村村独特的地形条件和建筑艺术，通过现代技术延续古老的建造智慧，克服特殊的地势条件，提供全功能的公共服务设施和基础设施配套支撑，建设给水、污水、电力、电信、消防等基础设施体系。

多层次旅游项目体系（见图 3）。

6."一户一策"对接精准扶贫，构建多层次扶贫管理支持模式

规划提出了脱贫帮扶管理建议。通过旅游扶贫业态策划、开展旅游人才培训、对贫困户精准指导等方式，建立多层次扶贫管理的支持模式。采取"一户一策"的措施，对建档立卡贫困户进行精准扶贫指导；指导贫困户从事旅游接待、劳动用工和发展特色旅游商品加工等，保障贫困户实现稳定脱贫。

形象塑造与风貌控制引导示意如图 4 所示。

五 规划创新与亮点

1. 将精准扶贫贯穿规划全过程，建立旅游产业扶贫模式

规划组各专业人员通过入户访谈调研，建立资料库并对贫困成因进行分析，深度分析破题思路，总结归纳此类型村落的旅游产业扶贫模式，即建立"引导社会资金投入—各级财政资金配套—农户参与机制设计—旅游扶贫业态策划—开展旅游人才培训—对贫困户精准指导"的旅游产业扶贫模式，全方位协助建档立卡户实现脱贫。

2. 精细规划，以"绣花式"的手法延续村庄传统文化基因

规划在如何将传统民族文化融入村庄发展中进行了详细规划，包含以下几个方面：基于传统民居建筑和民族文化元素构建的原乡民宿，塑造原乡生活环境；营建具有傈僳族文化印记的文化活动空间，丰富民俗文化体验；详细梳理村庄空间肌理，以大村村村民受藏族影响的锅庄舞和弦子舞为设计元素，对村庄内部的公共空间进

图 4 形象塑造与风貌控制引导示意

行精雕细琢的设计；提炼大村村的地域特色要素，在新建建筑的细部构建和彩绘上进行融入，体现当地的建筑风貌，展现团结互助的民族精神和欣欣向荣的美好祝愿。

3. 探索利用旅游产业振兴带动村庄全面振兴的特色模式

规划以旅游带动产业振兴为核心，重点对大村村的旅游资源进行了深入的挖掘，构筑以旅游产业为主导，实现第一、三产融合发展的模式。以生态环境为基础，通过农业基础设施建设，引导传统农业向高附加值农业转型；以林业资源为基础，推动"林业 +"产业发展；以现在的养殖为基础，发展具有传统地域特色的规模化养殖；打好大村村"国家传统村落"这一形象牌，结合旅游商品开发，将农业、林业、养殖业附加产品发展成特色品牌，并推动农业休闲观光体验项目、旅游休闲项目的发展；以对接市场需求为指导，以实现全域旅游为目标，形成"4—23—4"多层次项目体系，探索利用旅游产业振兴带动村庄全面振兴的特色模式。

六 规划实施成效

规划成果获得属地政府、各方专家的高度认可和评价。目前，村庄已实现脱贫，村庄人居环境建设得到较大提升，也进一步落实了云南省美丽乡村建设。

目前，大村村已开展幼儿园、盘山公路、设立文物保护单位牌匾、观景台等设施建设，效果明显，整体风貌保护措施得到有效落实。在产业发展上，村庄组织了技能培训以及药材种植、核桃树种植，产业逐渐朝着规模化种植经营方向发展。

规划建设实施成效如图 5 所示。

组织技能培训

种植药材

规模化种植核桃树

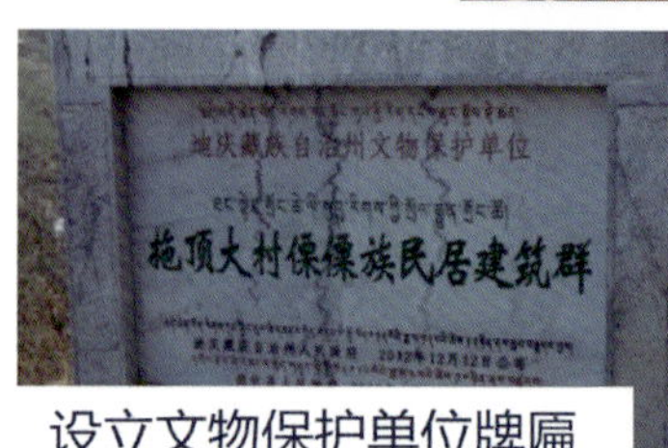

设立文物保护单位牌匾

设置观景台

建设幼儿园

盘山公路建设

图 5 规划建设实施成效

金顶镇大龙村村委会梅树坪旅游扶贫示范村建设项目

随着我国经济水平的飞速发展，人民群众的旅游需求也在不断扩张，乡村休闲度假游成为国内旅游的热点。随着旅游产业的转型升级，观光旅游逐步向休闲度假旅游模式转变，城乡居民总体旅游消费规模扩大，消费内需拉动为乡村经济创造新的增长点提供了机遇。

一 项目前期调研

怒江州兰坪县金顶镇大龙村村委会梅树坪村与兰坪县城直线距离为 1.5 千米，村庄周边路网通达，附近有轩辕祠、迪麻洛、老窝山、罗古箐、大羊场生态旅游区等旅游景点，地理区位优势显著。

项目开展初期，规划设计团队对梅树坪村的每家每户逐一进行了走访、拍摄与问卷调查等前期工作。调研发现，村庄存在景观风貌不统一、公共基础设施不完善、经济产业匮乏等问题。规划团队从建设旅游扶贫示范村的角度出发，对梅树坪村的现存条件进行了综合分析，提出了村庄发展思路：进行乡村风貌整治，规整零乱的村落景观；引入特色农业，发展农业为主导产业，通过农副产品的产出、包装、销售带动村民增收致富；发展以"旅游综合服务产业"为配套产业，通过完善村庄旅游服务及旅游集散功能，发挥旅游产品的吸引力，通过农业和旅游业的融合发展带动村庄产业多元化发展。

规划总平面图如图 1 所示。

二 规划设计思路

基于上述背景，规划设计团队在项目规划中将重点放在旅游经济的打造上，通过"5+2 周末度假游"，推动原有观光型旅游模式向休闲型旅游模式的转变，运用"政

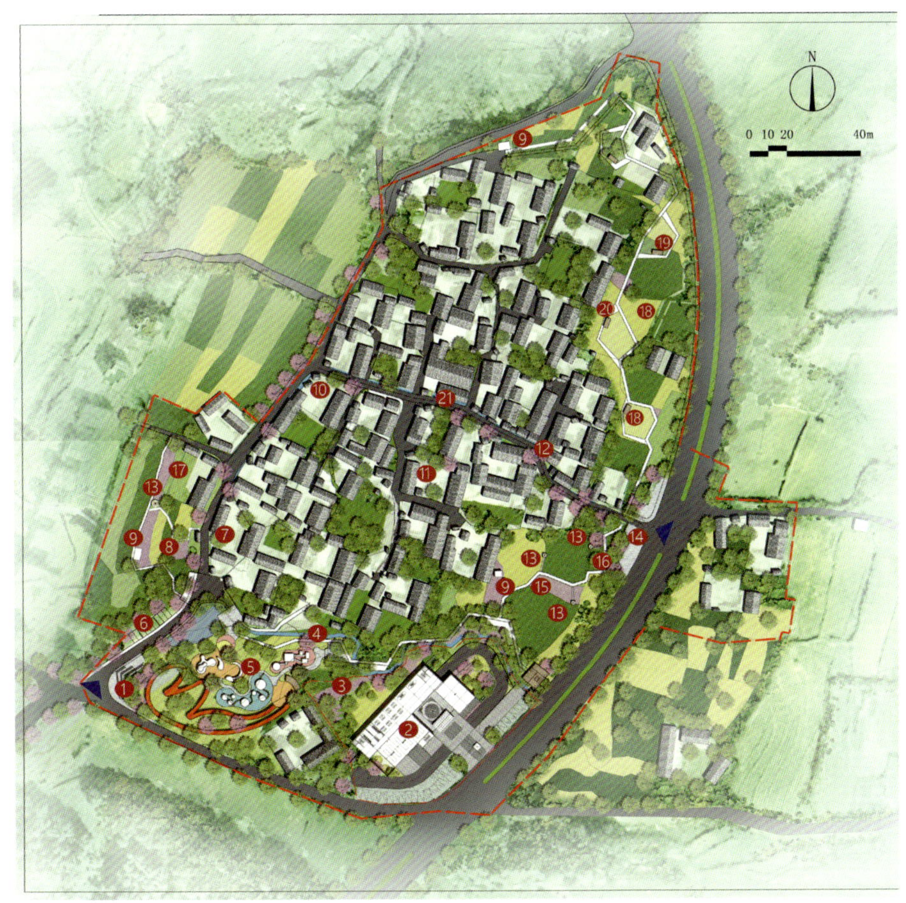

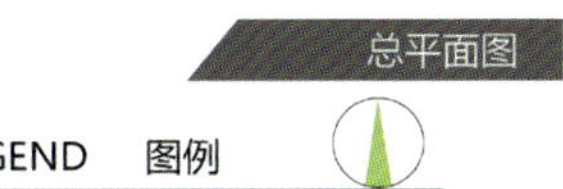

■ 图 1 规划总平面图

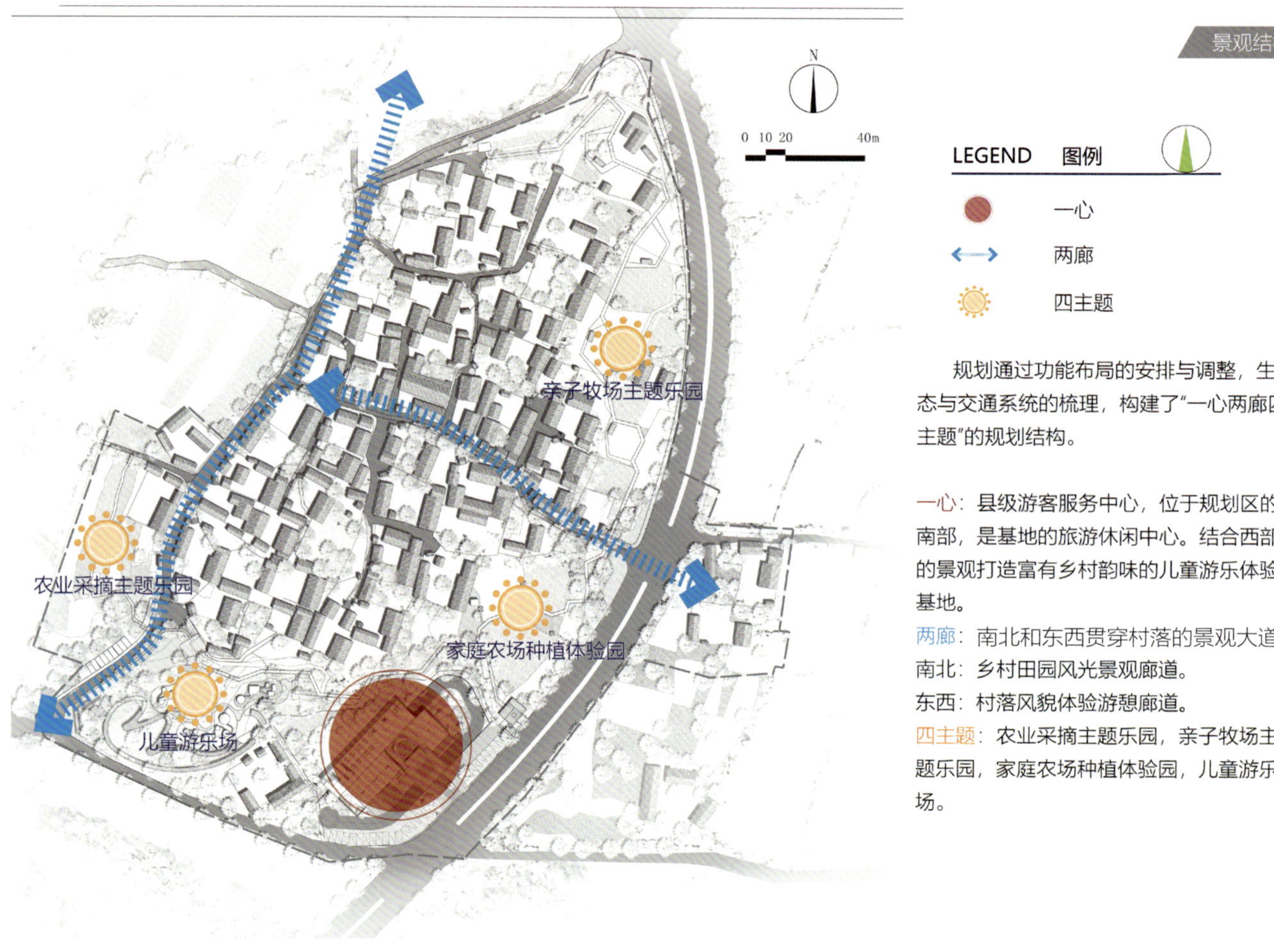

■ 图 2 景观结构规划

府 + 乡村旅游专业合作社 + 旅游创业致富带头人 + 农户"的组合，待"示范户"率先在村庄开展乡村旅游经营并取得成功后，带动其他村民加入旅游接待的行列，最终形成"农户 + 农户"的乡村旅游开发模式。而景观改造的核心思路则是调整村落景观结构布局，梳理交通线路与旅游线路，通过优化村庄建筑外立面，激发乡村活力，整合、提升村庄景观风貌，对局部院落进行提升，置入多元业态，将其打造成集旅游休闲度假为一体的农家乐。主要的旅游项目涵盖了农家休闲体验、餐饮住宿、农业采摘、农场种植及亲子牧场等。

从总体规划来看，规划采取"一心两廊四主题"的景观结构，以县级游客服务中心作为村落景观的核心引流，以贯穿村落南北及东西向的两条交通流线作为景观廊道，规划农业采摘主题乐园、亲子牧场主题乐园、家庭农场种植体验园和儿童游乐场四大主题的景观节点，实现了村落景观"点—线—面"式的网络布局；农家休闲体验区、家庭农场种植区、农业采摘区、综合游憩区和亲子牧场游乐区五大功能区实现不同功能业态的相互呼应配合；村内交通分级明确，有针对性地进行人流、物流及车流的渠化分流，柔化道路路面，适度调整道路断面，在旅游线路的规划上，主要游线和次要游线、广场与景观节点相互串联，对重点道路进行配套设施建设，如休息座椅、标识牌、垃圾桶、照明设施与洗手间等。

景观结构规划如图 2 所示。

■ 图 3 县级游客服务中心示意图

三 项目设计亮点

游客服务中心、村落主次入口、院落景观、街巷空间、家庭农场种植体验园的规划设计不仅是项目的重难点，也是项目的亮点。

县级游客服务中心紧邻市政道路，位于梅树坪村东南入口，作为全村的形象窗口与景观结构的核心，设计结合台地花池、坡地花海的形式优化现存高差，将常绿树种与落叶树种相互配合，突出季相色彩变化，形成开阔疏朗、高低错落的景观序列，丰富了景观竖向层次，也在最大限度上满足了文化展示、基础服务及泊车等功能要求。硬质景观设计则以乡土材料为切入，打造了水磨坊、农耕稻草人等节点，突出了梅树坪村当地的文化特色。服务中心主体建筑的光影轮廓、充满纹理质感的毛石挡墙以及樱花和花海围绕的游步小径都表现出纯粹的设计美感。

县级游客服务中心示意图如图 3 所示。

村落主次入口均借鉴了白族建筑"三滴水"的轮廓形态，采用夯土、灰瓦材质设计出村落 logo 景墙，局部区域考虑了镂空、高低错落等细节变化，丰富了整个景墙外立面的光影变化，实现了局部障景的功能，也具有较强的入口空间引导性。暖色调的景墙与背景常绿乔木及前景的杜鹃花形成了层次丰富、色彩多样的主次入口立面效果。

村庄入口效果如图 4 所示。

院落作为村内主要旅游环线上的重要景点，能够吸引大量人流。其中，9 号与 20 号院落在现存条件、轮廓形态、村内具体位置上具有典型性。9 号院以营造儿童农作体验空间，提供游客休闲活动场所为主要功能定位，运用一定的景观布局手法划分院落空间，结合入口花境小品、夯土景墙、互动景观装置、休闲廊架与木平台等设施，意在打造具有梅树坪村落特色气质的农家小院，让游客回归真实的乡民生活朝气，感受农作物自然生长、管理采收的过程，诠释了"景观结合生产"的新概念。20 号院落以餐饮住宿作为主要业态，该院营造了雅致幽静的休憩空间，以吃饭休闲活动为主要功能定位，意在打造具有梅树坪村落大气宁静的乡村院落；灰瓦白墙的建筑调子配合直线条构图布局，给人以古朴传统的整体感受，并设置静水池、改造花架，增加庭院摆件，也为院落增加了几分惬意与舒然。

图 4 村庄入口效果

图 5 村农家乐院落效果

村农家乐院落效果如图 5 所示。

街巷空间的打造能够给予游客对村庄最直观的感受。农耕器具的组合、挂于电线杆上的标识牌与爬藤植物、砖墙旁一辆破旧的木自行车、几块石头、几株月季，这些小景也为街巷景观空间的提升起到了添砖加瓦的作用，可以是村民对院落外街巷装饰点缀的自发行为，规划设计对这些也进行了充分考虑。

■ 图 6 亲子牧场效果

远离城市喧嚣的田园风光能够带给人们不同的景观感受。农业采摘主题乐园、亲子牧场主题乐园、家庭农场种植体验园通过户外拓展的形式，吸引亲子游乐、家庭出游、单位团建等活动。布置各种户外障碍设施、搭建农业知识小讲堂、增加娱乐性质的景观设施，使其能够成为"寓教于乐"的科普基地。在城市四角天空待惯了的孩子们，吃惯了半成品的食物，更能趁此机会多了解一些乡村田园的自然生活，对他们来说，绝对是一个不错的校外课堂；在美丽的大自然怀抱中，尽情享受拓展训练的情趣与感悟，品尝着亲手采摘的鲜果，再加上自己认养果树精心护理的乐趣，让游客体验到纯正的乡土生活，也复兴了当地的经济活力。

以遗产地保护为前提，以当地民族文化为内涵，以精品旅游与文化创意产业为驱动，把丽江古城打造成全国民族团结进步示范城、世界遗产保护模范城、国际一流特色城镇、世界级特色旅游景区。

亲子牧场效果如图 6 所示。

四 项目专项设计

本次规划也涵盖了建筑外立面改造、路面与排水沟改造及公共服务设施优化等专项设计内容。首先，在建筑外立面改造中，结合本村的夯土建筑特色，整合村落风貌；将民居的彩钢瓦屋顶替换为小青瓦材质；在不改变民居大门结构的前提下调整门头、横梁与立柱贴面；对现存围墙增设瓦顶或压顶茅草。其次，将村落景观重点区域的路面改造为压花混凝土材质，形成美观自然、色彩真实持久、质地耐用的特点；对村内的排水沟进行生态改造和沟底清淤，明沟沟缘自然置石种植低矮的水生植物，暗沟则更换混凝土沟盖板；最后，规划对洗手间及村内标识系统的重新设计，提升基础配套。

村庄街景示意图如图 7 所示。

■ 图 7 村庄街景示意图

总结：通过现场调研与资料整合，规划设计团队从各方面分析了金顶镇大龙村村委会梅树坪村的现存条件，根据实际情况提出了核心规划思路与改造意向，并从项目的落地性、旅游效益、村民诉求出发，不断调整和完善规划方案。怒江州兰坪县金顶镇大龙村村委会梅树坪村旅游扶贫示范村建设项目也得到了当地政府、村民的支持。

旅游项目设计与文化规划篇

当前，旅游市场中涌现了一批以落地运营为目标的旅游规划设计项目，对当前旅游理论进行了实践。《云南省弥勒市太平湖森林木屋酒店、5S房车营地总体规划》项目为木屋酒店、房车营地的规划设计提供了一种参考；《康藤·甲寅石头寨自驾车帐篷营地修建性详细规划》项目实践了将在地文化真正链接到休闲度假产品中。

在文旅融合深入发展中，旅游需要文化的加成。《巍山县马鞍山乡青云彝族传统文化生态保护区保护规划》对“青云打歌”这一非物质文化遗产进行了细致的挖掘与梳理，为文化保护与旅游发展提供了基础。

本篇编录的旅游专项类规划项目有：

云南省弥勒市太平湖森林木屋酒店、5S房车营地总体规划

康藤·甲寅石头寨自驾车帐篷营地修建性详细规划

巍山县马鞍山乡青云彝族传统文化生态保护区保护规划

云南省弥勒市太平湖森林木屋酒店、5S 房车营地总体规划

一 项目区位

弥勒太平湖森林木屋酒店、5S 汽车旅游营地位于云南省红河州弥勒市东部，距弥勒东高速公路入口仅 3.8 千米，距弥勒市区 15 千米，弥勒高铁站 18 千米，交通便捷。项目地处国家 4A 级旅游景区、国家农村产业融合发展示范园、中国森林养生基地——弥勒太平湖森林小镇核心区内。

营地北距省城昆明 123 千米，南距州政府蒙自 129 千米。弥泸高速、石蒙高速、石锁高速、203 省道、云桂高铁铁路横穿境内，跨河口可通边、经“两广”可达海，处于昆明市 1 小时经济圈之内，区位优势明显。

二 项目介绍

太平湖森林小镇规划以“木”为形，以“花”为介，以“水”为魂，以“人居”为本。小镇依水而建，湖光山色，森林沟壑，溪涧密布，以森林为本底，以绚烂多彩的千亩花海、叹为观止的大地艺术、自然优美的湿地滨水空间为调色盘，打造“山水之间·创新天地，花林深处·木屋世界”的森林童话之境。

小镇总体定位：以双产业双引擎，即“现代木结构建筑研发高新产业”和“旅游休闲产业”融合发展为基本框架，以“木文化”为核心主题，依托核心产业园区，构建产、商、居、文、旅相融合的新型高新旅游特色小镇。

森林木屋酒店位于小镇最西侧，安于一隅，静谧闲适。以木文化和地域文化为脉络，规划建设近千亩全国最大体量森林木屋组团，建筑融于森林山水之中，体量、造型、色彩均与周边环境相协调。酒店主要客群面向都市年轻游客及家庭游客，因此，设计上传统与前卫、乡村与国际相结合，完全不同于城市酒店和乡村旅馆，既自然又精致。酒店配备房车露营基地及帐篷露营基地，游客可进行野外野餐露营，享受星光璀璨、蟋蟀轻鸣的自然亲密之旅。

规划总平面图如图 1 所示。

1. 旅居车营区服务中心
2. 户外酒吧
3. 子母旅居车营位
4. 帐篷营位
5. 拖挂式旅居车营位
6. 自行式旅居车营位
7. 户外拓展区
8. 木屋博览园
9. 会议中心
10. 秋月湖
11. 湖景餐厅
12. 3A 智慧公厕
13. 木屋营区
14. 木屋营区服务中心
15. 户外烧烤
16. 自驾车营位
17. 私家花园
18. 木屋营区出入口
19. 营区出入口
20. 五人制足球场
21. 智慧停车场
22. 石漠化地质公园科普、研学馆
23. 石漠化科普教育基地

图 1 规划总平面图

■ 图 2 规划鸟瞰效果

建筑风格上，则以“木屋风情，文化聚集”为主题，分为自然北欧组团及禅意东方组团。禅意儒雅的中式木屋、淡泊恬静的日式木屋、浓郁浪漫的东南亚木屋，搭配不同内饰及园林景观，向体验者传递传统东方地域文化及人文气息。中式木屋古朴雅致的设计，于细节处撷取中华木文化经典元素及手法，朴素却精致，再现惊艳千年的中国建筑之美。日式木屋传承东方设计美学的同时，以樟木、山石、和纸等极富日本传统气息的独特元素，将和风和韵融入其中，搭配禅意静谧的日式庭院，幽深唯美，独具调性。东南亚木屋以原木、木皮、藤草等纯天然材质搭建，糅合丰富的地域文化，以素淡基底混搭浓郁民族风情，质朴却不单调，可充分体验东南亚海岛居民自然、质朴、健康、阳光的生活方式。

弥勒太平湖 5S 汽车旅游营地位于弥勒太平湖森林小镇核心区，营地主题定位为打造成中国独具规模和特色、规范化管理的五星汽车旅游营地示范区。

5S 房车营地以“ 览万亩花田盛景享林间田园奢野 ”为规划主题，结合生态、宜居、多元化的规划理念，参照《云南省汽车旅游营地建设与管理规范（审查稿）》，将该项目规划为五星级汽车旅游营地，满足营地建设标准。旨在为人们创造一个舒适的房车体验环境，打造成云南省内独具规模，规范化管理的汽车旅游示范区。

规划鸟瞰效果如图 2 所示。

业态布局如图 3 所示。

三 项目建设及运营情况

太平湖森林小镇以“生态产业化、产业生态化”为指引、秉承“绿水青山就是金山银山”的发展理念，着力于生态修复、生态治理，规模化发展生态花木园林产业，引进国际国内知名木屋企业合作开发木屋博览园及现代木结构建筑研发，建成集生态休闲旅游、森林木屋体验、木结构建筑研发、康体养生为一体的生态健康度假小镇。目前已建成并运营的内容包括：游客服务中心、

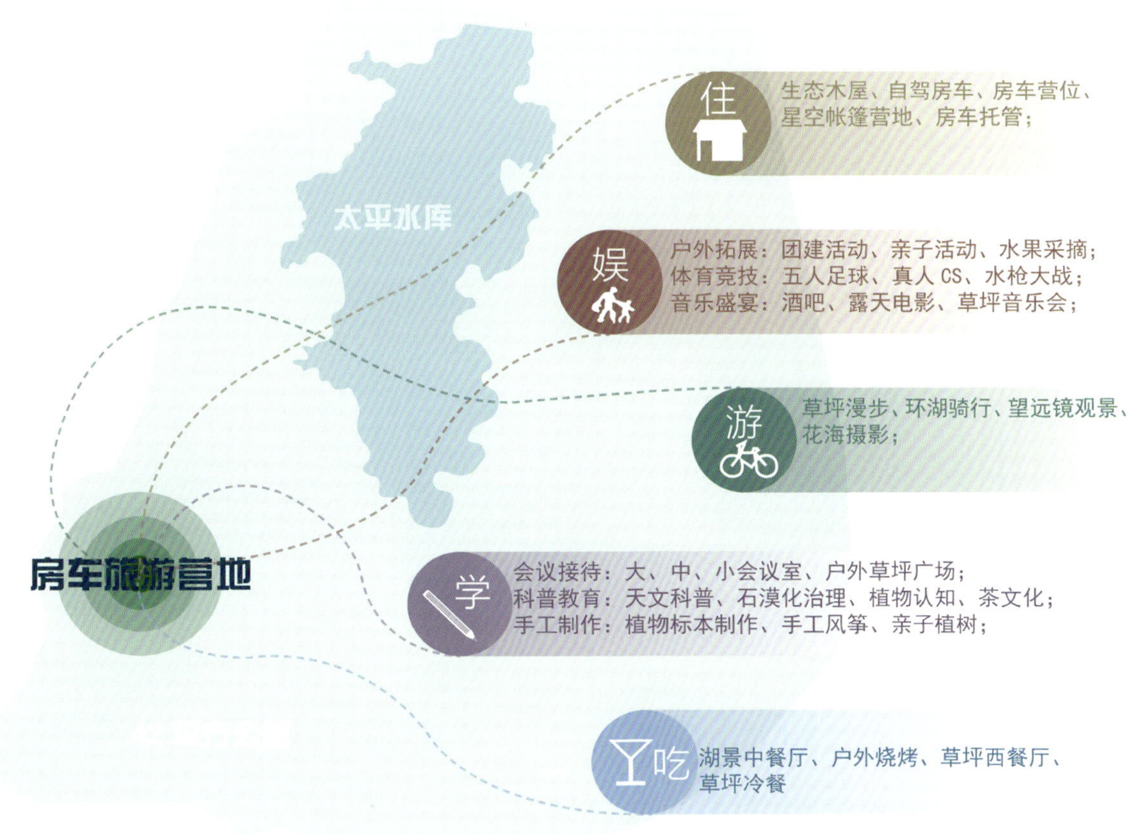

图 3 业态布局

森林花海休闲旅游区、汽车旅游营地、生态木屋康养区及小镇基础设施、智能智慧配套等。目前太平湖森林小镇已入选国家 4A 级景区，2018 年，云南省特色小镇考核荣列前 15 名，获得 1.5 亿元的奖金；2019 年，其荣获云南省特色小镇、国家农村产业融合发展示范园荣誉。

太平湖森林木屋酒店、5S 房车营地均已经建设完成并投入运营。森林木屋酒店已经建设完成 88 栋独栋木屋别墅、34 辆房车和 18 顶帐篷，共计 308 张床位。由木屋酒店、房车露营地、湖景餐厅和会议中心四个部分组成。"木"是太平湖森林木屋酒店的本源与灵魂所在，酒店所有客房均为全木质结构，每栋别墅均拥有独立小院，以东南亚、北欧、美式、日式等风格为主，内饰上则延续了木屋的厚重朴实感，将具有品质的自然美感融于布草陈设，舒适且温暖。酒店配套有湖景餐厅，临湖而建，提供咖啡简餐、自主中西餐及当地传统菜系等，更有山林湖泊的原生态自然食材，激发食物原汁原味，滨水共享美食美景。500 余平方米的多功能会议中心是行政会议、董事会议、媒体采访及贵宾接待的场所，配备先进的多功能设施并提供高效专业的服务团队。

太平湖森林小镇房车体验营地规划总投资 15.05 亿元，截至 2019 年 10 月，已累计完成投资 9.09 亿元。该营地是云南省行业内的标杆营地之一，拥有 34 辆房车酒店和 1 辆房车 KTV。房车酒店分为亲子房车、高级房车、豪华房车、家庭房车、星空房车和营地房车。营地全区域 Wi-Fi 覆盖，车内配有客厅、卫生间、卧室、空调、热水、电视、冰箱等，并提供营地配套专业管家式服务，让游客能随时随地体验家的感觉。

项目实景图如图 4 所示。

图 4 项目实景图

康藤·甲寅石头寨自驾车帐篷营地修建性详细规划

康藤 · 甲寅石头寨自驾车帐篷营地位于双遗产地（世界文化遗产以及全球重要农业文化遗产）"哈尼梯田"之畔，居于一个废弃已久的村落——石头寨的残垣断壁中。该营地包含 17 间带泡池的帐篷院落和 5 个夯土和青石公共空间，是一个融哈尼文化、农耕文化、土司文化和马帮文化于一体的自驾车帐篷营地。

设计团队从考古学家身上得到启发，从原有遗弃破损的 46 套民居中，筛选出 17 户作为帐篷客房。另外 4 户作为接待大堂、厨房、餐厅和梯田活动馆。村寨内原有小学被改建为带有一个无边际泳池的酒吧。村寨口紧邻梯田灌溉水渠的一个废弃的水管站，被改建为一个图书馆。余下的民居遗址，我们选择性地保留了残破的石墙断壁，打造成独具特色的遗迹公园，与周边梯田环境完美结合，打造了全新的中式"马丘比丘"风格。

项目实景图如图 1 所示。

项目周边环境实景如图 2 所示。

图 1 项目实景图

图 2 项目周边环境实景

一 建筑设计

所有的客房，都是基于原始哈尼民居的宅基地范围，每一顶客房帐篷都搭建在原有的屋基位置，每一个院子的开门朝向也与原来一致；最大限度地保留了原始村落的面貌和特点。设计团队希望以此表达出对寨子的尊敬，对自然的尊敬。

客房庭院实景如图 3 所示。

项目设计中也对传统工艺进行了改进。项目的公区使用并改进了当地哈尼族的传统工艺——夯土进行建造。当地木工、石头建筑技艺也被运用在了每个公区的细节中。营地设计中擅长以景制景，如利用原有房屋遗迹改造出建筑物上的全景超大开窗，让最天然、最纯粹的自然景观直接映入眼帘。

夯土技术展示项目餐厅（建造中）如图 4 所示。

图 3 客房庭院实景

图 4 夯土技术展示项目餐厅（建造中）

二 景观设计

因为营地的前身是一块废弃在梯田中几十年的村寨，它作为哈尼族传统农耕文明遗址最令人印象深刻，因此，在景观设计方面融入了废墟美学的概念。

从道路景观规划上，从道路性质、功能、原有景观条件和景观氛围营造等多方面进行整体考量，将营地的主要道路分为了几个大的板块再来做细化处理，主要包括迎宾步道、梯田景观阳台、客房区主要道路、公共区主要道路、农耕道及交叉口几个板块。所有道路均根据不同的道路功能要求在原有景观特征和条件上做出相应的改造和调整。

“山顶森林、山腰村寨、山坡梯田、坡底河流”是哈尼族典型的“四素共构”良性农业生态系统和独特的梯田文化景观，而水体是贯穿这四个组成部分的重要连接元素，所以在概念设计上就将水体作为一个重要的元素来做独立研究。所以，设计团队将原来村寨里的鱼塘恢复成接待前厅旁的景观叠水水塘，将原有单一的 90°垂直水体边缘用景观的手段来丰富为 4 种模式——垂直边界、不规则多层小台阶、三层叠水以及湿地种植池，同时也将山体天然泉水以景观的手段引入了这个水塘中。

梯田无边界泳池实景（见图 5）。

除了这个水塘之外，设计团队将废弃的石头寨的一套非常完整的贯通水系的排水沟加以修缮，保留了它原始的样貌。一条由南至北贯穿了营地的水渠，通过利用它形成的天然高差将营地主要区域与农耕区域用自然的方式分开，让它在继续发挥水渠功能的同时也成了营地天然的安全边界线。

此外，设计团队还设计出一个毗邻梯田的无边际泳池，将梯田、远山和天空不着痕迹地融入这片水面。

除去对有害杂草的清理整治，整个营地在建造过程中没有砍伐一花一木。适当新增的植被，也是从当地附近移栽而来，对生态环境做到最大限度的保护。营地建造过程中，由于采用就地回收回填的方式，也没有产生任何的建筑垃圾。

图 5 梯田无边界泳池实景

■ 图 6 项目游览地图

营地总平面

图例

- 01 游客步道
- 02 后勤步道
- 03 露天泳池
- 04 游泳吧（膜结构）
- 05 客人餐厅
- 06 接待大堂
- 07 池塘
- 08 遗址公园
- 09 员工生活后勤区
- 10 游客帐篷
- 11 书吧
- 12 梯田文化体验馆
- 13 共享空间
- 14 厕所
- 15 山庙
- 16 景观长廊
- 17 农耕道
- 18 后勤车道
- 19 柴油发电机房
- 20 高位水池
- 21 山林
- 22 梯田

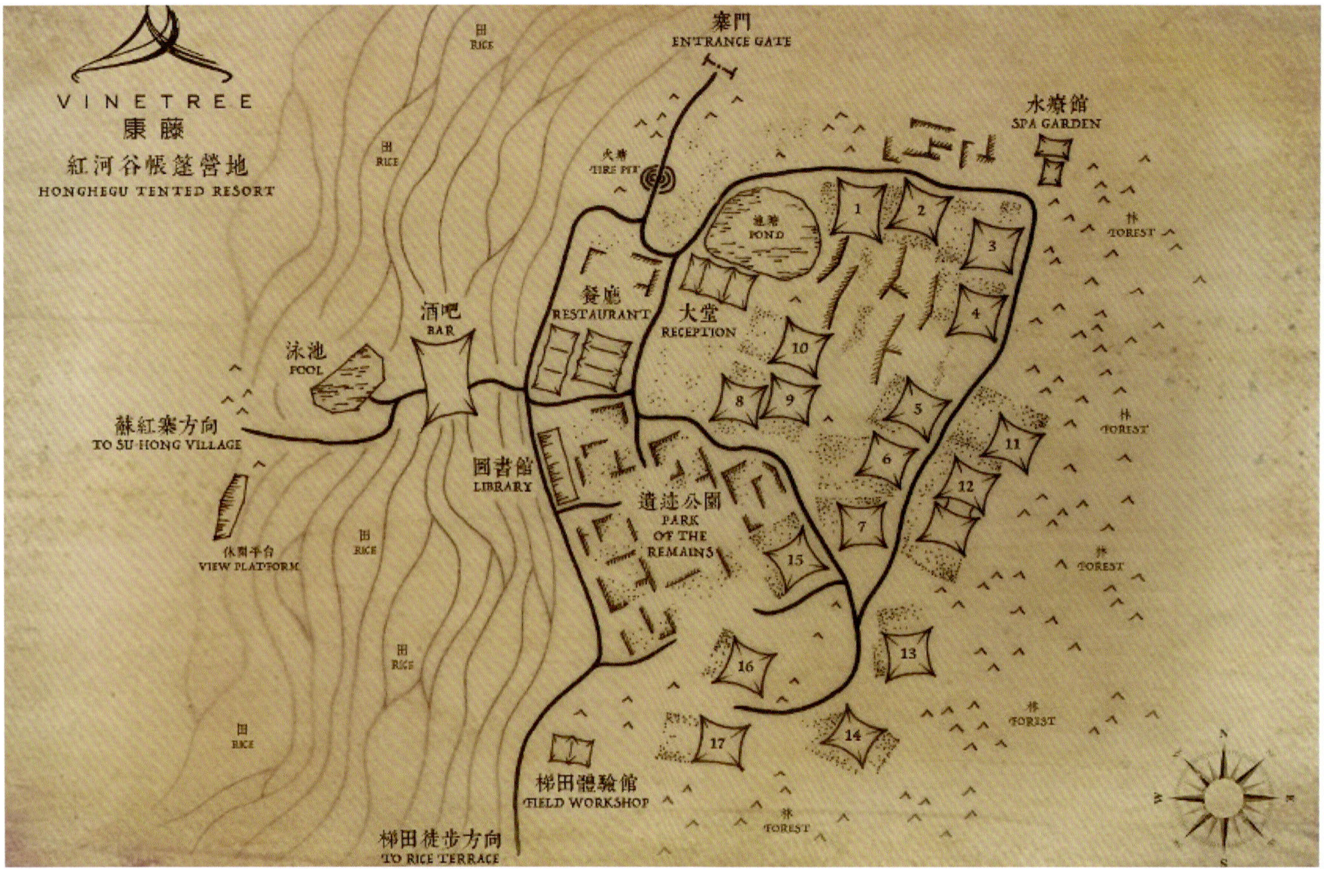

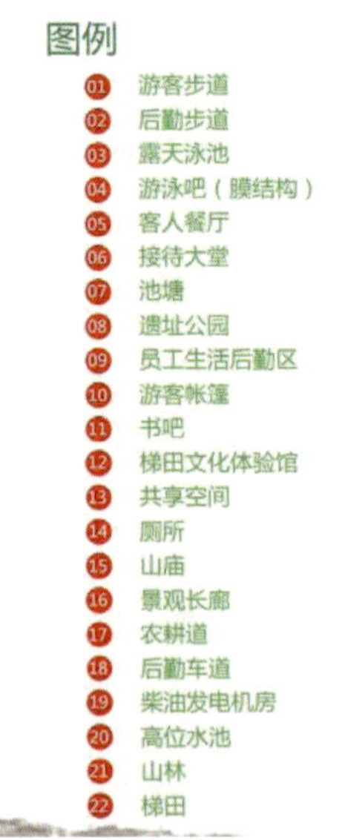

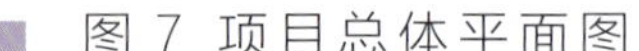

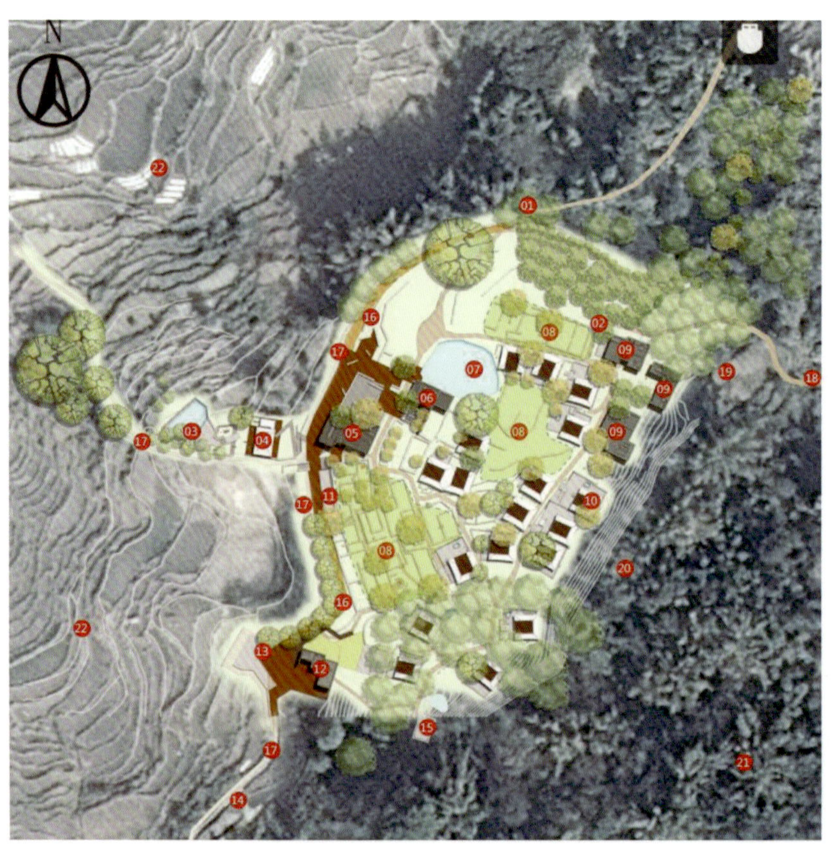

■ 图 7 项目总体平面图

设计团队试图在这里做出一个"看起来没有做过设计的设计"，从整体规划到细节设计上都采用了非常温和的手法，让营地尽量接近村寨的原生状态，所以结合哈尼族传统农耕村寨的大环境，再结合作为营地必需的功能性以保证客人的使用需求，让两者以最恰当的方式自然融合在一起，使营地一直处于一种"生长"的自然状态，在建造完成后才开始它新的生命期，重新作为一个健康的村寨存在于这片原生态自然环境中。

项目浏览地图如图 6 所示，项目总体平面图如图 7 所示，项目实景图如图 8 所示。

图 8 项目实景图

巍山县马鞍山乡青云彝族传统文化生态保护区保护规划

一 规划背景

（一）地理位置

青云村地处云南省大理州巍山县马鞍山乡西南部，南距大理州府下关 83 千米，北距巍山县城 71 千米，东距马鞍山乡政府所在地 30 千米，村庄东临三鹤村，西临漾濞江，与漾濞县鸡街乡隔江相望，南与河南村、北与红旗村接壤。

（二）保护区概况

青云彝族传统文化生态保护区，是 2009 年云南省人民政府公布的《云南省第二批非物质文化遗产名录》124 个项目之一。彝族“打歌”，也叫“踏歌”，是巍山分布最广、影响最大、普及面最宽的歌舞乐三者合一的民族民间自娱性舞蹈，它的内容积淀了彝族古老的历史文化内涵。“打歌”凝聚了彝族优秀传统艺术精华，承载着彝族人民许多古老的历史文化信息和传统记忆，它是集信仰、民俗、族规、礼节、技巧、才华为一体的社会文化活动，充分体现了彝族人民的艺术才能和创造才能。巍山彝族打歌是 2008 年国务院公布的《第二批国家级非物质文化遗产名录》510 个项目之一。

（三）规划性质

巍山县青云彝族传统文化生态保护区保护规划是以青云村非物质文化遗产保护为核心，并对该村的传统民居及自然生态环境进行整体保护的区域性专项保护规划。规划依据国家有关文物保护、非物质文化遗产保护的各项法律、法规文件和云南省相关文件编制而成，依法审批后，作为巍山县马鞍山乡青云彝族传统文化生态保护区各类非物质文化遗产及传统民居和自然生态环境保护工作的法规性文件及其他规划实施的指导性文件。

（四）青云打歌简介

巍山彝族打歌历史悠久，内容丰富，早在 20 世纪 50 年代就到北京参加首届少数民族文艺汇演，并受到中央首长的亲切接见，20 世纪 80 年代应邀到日本参加东南亚文化艺术交流展演，2006 年应中央电视台、中国舞蹈家协会、中国音乐家协会的邀请到北京参加中国民族民间歌舞盛典演出。巍山打歌是集歌、舞、乐三者完美结合的艺术表现形式，是全民性的歌舞活动。打歌既传承了厚重的南诏文化，又具有鲜明的地方特色，因此以打歌为元素的节目在国家、省、州县的展演中荣获了许多殊荣。2010 年，在第九届中国艺术节暨第十五届群星奖大赛中，节目《阿克力》荣获群星奖，编导郭建荣荣获群文之星称号；2009 年，参加云南省首届“大家乐”广场舞蹈大赛大理地区复赛荣获金奖；2008 年，节目《火红的山寨阿克哩》在大理州首届新农村文艺会演中荣获创新节目一等奖并在云南省首届新农村文艺会演中荣获一等奖；在大理州 2017 年大家乐民族民间歌舞乐展演中《只得望望不得采》荣获金奖并入选参加云南省第三届大家乐群众文化“彩云奖”评选节目；2009 年，《阿克里》荣获云南省首届大家乐群众文化广场舞蹈大赛优秀节目展演金奖；2019 年，在云南省第十一届民族民间歌舞乐展演中传统舞蹈《巍山打歌》荣获云南省民族民间歌舞乐彩云奖金奖。

二 规划内容

规划严格按照《云南省民族传统文化生态保护区保护规划编制的指导意见》（云文非遗〔2015〕1 号）和《云南省民族传统文化生态保护区规划编制大纲》进行编制。

青云彝族传统文化生态保护区保护规划总图（见图 1）。

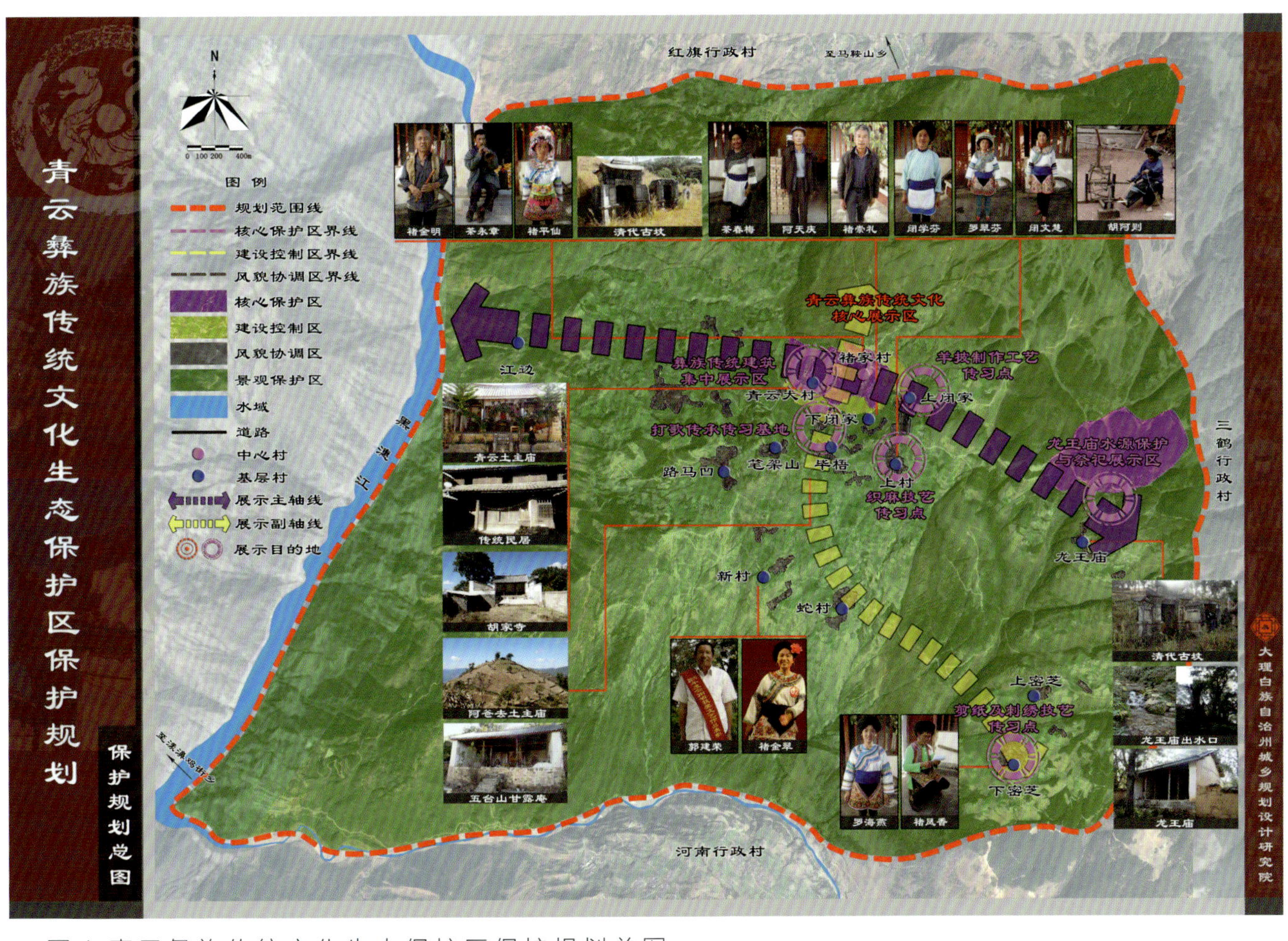

图 1 青云彝族传统文化生态保护区保护规划总图

保护区内的非物质文化遗产项目、非物质文化遗产项目代表性传承人、非物质文化遗产的相关载体、传统民居建筑和保护区的自然生态环境是民族传统文化生态保护区的核心保护内容。规划首先对五方面的核心保护内容进行了详尽的梳理，分块对其进行了专项评估，包括价值评估、保护传承现状评估、管理利用现状评估。根据评估结论和保护实际情况确定了保护区划，划定了核心保护区、建设控制区、风貌协调区，并明确了各保护区的范围、边界和具体管控措施。

针对非物质文化遗产和传承人的实际情况，制定了切实可行的非物质文化遗产保护措施和传承人的扶持措施；对保护区内的传统民居和自然生态环境提出了分类保护的标准和要求。

展示利用方面，坚持了非物质文化遗产项目在内容、形态、表现形式方面的原真性；坚持"合规化保护、合理化利用、活性化发展"的原则，结合青云彝族传统文化在村内的分布特征，考虑以集中展示的方法，从核心地区出发，以点带线，以线带面，形成"一心两轴多点"的展示框架。规划了彝族传统建筑集中展示区、打歌传承传习基地、羊披制作工艺传习点、织麻技艺传习点、龙王庙水源保护与祭祀展示区、剪纸及刺绣技艺传习点等展示体验区。

三 规划亮点

（一）非遗项目挖掘全面

按照我国非物质文化遗产项目分类，青云非物质文化遗产主要包括民族语言、民族文字、民间文学、传统音乐、传统舞蹈、传统美术、传统技艺、民俗八项，具有以下基本特征：① 数量丰富、类型全面，涵盖了非物质文化遗产的八大类别；

② 整体上看非物质文化遗产项目保护保存较为完好，传统生态保持良好，多数遗产项目具有较强的活态传承能力；③ 公布为《非物质文化遗产保护名录》但受到保护的项目少，大多项目亟待推荐申报进行有效保护。

（二）规划整理了濒临失传的核心遗产《青云十二属调》

青云的十二属调是流传至今最为经典的一首歌谣，歌词是四句式的诗词，全诗分牌头和词两个部分，牌头与词之间比兴相承、对仗相应。歌词的内容涉及日常的生产生活、爱情婚姻、伦理道德等方面，表现出彝族人民积极向上的生活态度和对生活的美好祝愿。

青云十二属调是在规划编制过程中发现并收集整理的濒临失传的青云村非物质文化遗产，后来发现十二属调不仅是青云传统音乐的代表，而且与青云打歌密切相关。

（三）规划整理翻译了青云“十二属”打歌步伐

规划编制过程中发现青云一直都有打歌打“十二属”的说法，但一直以来没有系统的梳理记录，规划通过现场收集资料、文字记录、视频记录，然后请大理大学的舞蹈老师通过记录的视频，将舞蹈动作分解翻译为文字。此措施也为非物质文化遗产中音乐和舞蹈类的保护方法做了一定探索。

“打歌打十二属”指的是青云的打歌步法主要是模仿十二属相的动作而演变来的。因彝族较为崇拜老虎，所以青云打歌的第一个步法即从模仿十二属相中老虎的动作开始；但因青云彝族祖先认为十二属中的羊和蛇习性较懒，模仿十二属相的具体动作实际只有十种，羊和蛇两个属相只有声音，而无实际动作（见图 2）。

传统舞蹈抢救性保护措施 = 传承人现场展示 + 现场记录 + 后期整理翻译。

图 2 青云打歌现场

■ 图 3 青云打歌现场

青云打歌现场如图 3 所示。

1. 青云打歌步法类型

青云"十二属"打歌经典动作解析。

(1) 安石（彝语音译）。动作似虎。左右转身击掌，眼随手的方向转动；勾脚点地，腿同时弯曲同时打直。节奏大概为 2/4 拍。

(2) 阿里波（彝语音译）。动作似鼠。吸勾腿，三步一跺脚，身体随步伐左右移动，最后 14 个 8 拍后加 4 个拍手击掌的动作。节奏大概为 3/4 拍。

(3) 阿妈（彝语音译）。动作似龙。三步一勾吸腿，2 个 8 拍后一步一勾吸腿，身体随步伐左右摆动，这样循环动作。节奏大概为 3/4 拍和 2/4 拍。

(4) 安达拉也（彝语音译）。动作似牛。左右三步一勾脚，四步时跺脚，左右移动，循环动作。节奏大概为 2/4 拍。

(5) 安刃特兹（彝语音译）。动作似马。左脚原地两步右脚一勾腿，右脚原地一步左脚一里撩腿，身体随动作方向而移动。节奏大概为 4/4 拍。

(6) 叠金（彝语音译）。动作似兔。前进四步一跺脚后 360°左转身，后右脚勾脚，再右转勾左脚，原地踏步踢右脚，再循环同样的动作。节奏大概为 4/4 拍。

(7) 跺脚（彝语音译）。动作似狗。手叉腰，左脚前三步蹬左脚（左脚脚不着地），再左转一步右脚蹬地两次，再右转左脚蹬地一次，再左转右脚蹬地两次，再回正重复。节奏大概为 3/4 拍。

(8) 三翻三转。动作似猴。左脚吸腿，右脚踏步，左转 360°吸右腿拍手，再右转 360°吸左腿拍手，然后划右腿 360°右转、360°吸左腿拍手，反面则反之。节奏大概为 3/4 拍。

(9) 绕鹰翻身。动作似猪。动作与三翻三转基本相同，区别在于不拍手。

(10) 滑草（彝语音译）。动作似鸡。动作与三翻三转基本相同，区别在于不翻身，五、六、七拍右脚不落地，十一、十二、十三拍右脚不落地。

(11) 羊。无动作，伴芦笙声和人声（哇喂）。

(12) 蛇。无动作，伴人声（喂哈哈、喂哩哈哈、咦咦瑟、哇喂）。

2. 青云打歌的特点

开场先把十二属打完，开场以后动作从无声到有声、从快到慢，以阿妈为主，激烈时有三翻三转和跺脚。动作的快慢一看芦笙手、大刀和笛子的指挥，二看根据打歌时情绪的变化。

3. 青云打歌的活动类型

在原始社会人类生活里，没有任何场合离得开舞蹈。生育、祭祀、播种、狩猎、战争、宴会等都需要舞蹈，作为从人类早期原始舞蹈发展而来的一种综合艺术，打歌在其早期发展阶段就满足了人类的多种需要，形成了不同的类别结构。根据打歌的历史和现实用途，可将之分为节庆打歌、祭祀打歌、家庭喜事打歌、丧葬打歌和庙会打歌。

（四）规划梳理了青云彝族民居特点——“火炕床”

青云民居建筑的内部布局与其他彝族聚居地有着很大的区别，建筑一层平面布局为一房室内 3 间，左边和中间两格为正房，设有火炕床、火塘、拦柜，正房的门设在左边，左边和中间两个房间联通，中间这间房设一扇梭门（青云村一大特色），火塘上方的板面材质不用木料而是用箭竹编织成的篾笆，便于烘干粮食，在一层正房、进门正对的山墙上挖有一个长宽约 1 米的土洞，洞内放有拜祭祖先的灵位，右边一间房为新婚夫妇或年轻人的卧室。二层为一个开间，用于储物（青云彝族典型民居建筑平面空间结构示意图见图 4）。

在青云，彝族群众将一层的正房称为“古爸嘎”。“古爸嘎”进门所对的墙壁上设有祖先洞，洞内上方贴有祖先灵位，供奉的是南诏王勿底土主神位，中间有竹篾编织的祖先牌，祖先牌上挂有“丁郎刻木”小木人，台上摆着香炉、油灯、盅子、纸钱、香等。“古爸嘎”中靠外的火炕床彝家人叫“举妈古”，床尾设有半人高的床壁，壁角叠放被子、衣物，壁上挂有蓑衣、弯刀、麻绳等；“举妈古”侧面的梭门叫“阿克得”，平日小孩是禁止从这扇梭门进出的，家人去世后，遗体停放在“举妈古”上，发丧时遗体必须头朝里脚朝外从“阿克得”小门端出入棺。“举妈古”对面的床叫“古妹系”，多为摆物或男人睡。火炕床正上方的横床彝家人称“古嘎系”，“古嘎系”左上方墙角贴着 3 张天地麻子，供奉着彝

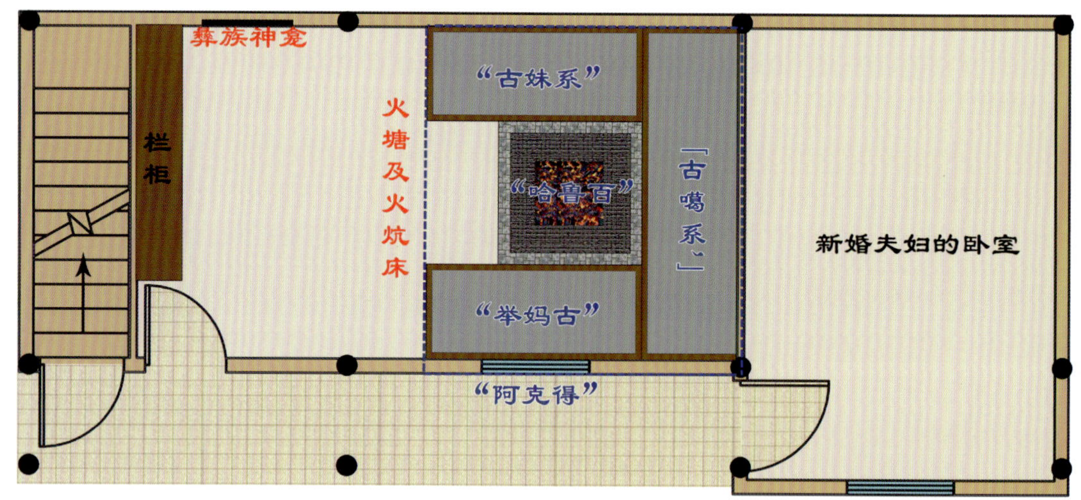

一层平面示意图

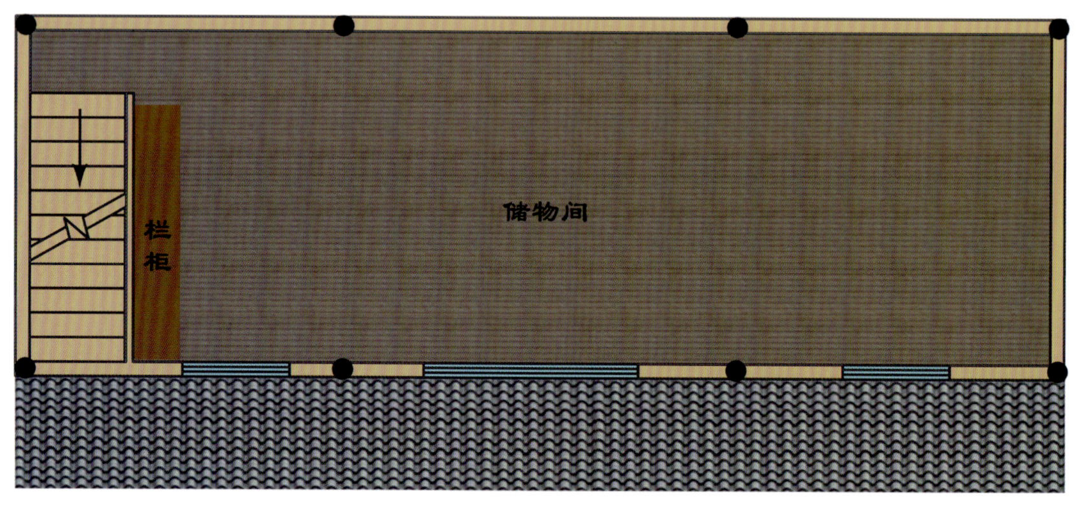

二层平面示意图

■ 图 4 青云彝族典型民居建筑平面空间结构示意图

家土、火、木三神，床头设有床仓或柜子，内装老人衣物和贵重物品，墙上挂着芦笙、竹笛、大刀等打歌乐器。“古嘎系”是彝家至高无上的“上床”，是彝家长辈发号施令、吃饭睡觉和接待贵宾的地方。火炕床中间设有火塘，彝语叫“哈鲁百”，火塘上面支有铁三脚架，用来烧火做饭、取暖，不管天冷天热，不管人聚人散，彝家“哈鲁百”火种都不熄灭。火炕床和火塘不仅是彝族家人生活的中心，也是彝族人待客交友、教育子女、沿袭家规的文化活动场所。走进青云大村任何一家，热情好客的主人都会笑容满面地请你爬上夏凉冬暖的“古爸嘎”，脱了鞋，盘坐在“古爸嘎”篾笆上，饮一盅香喷喷的“百抖”小罐烤茶，宾至如归的温馨油然而生。

四 规划实施

巍山打歌不仅在创新发展中获得了许多荣誉，在传承中也做出了许多努力和贡献。在国家级传承人茶春梅、省级传承人郭建荣、褚金翠等传承人的努力和上级有关部门的帮助下，2008 年在青云村挂牌成立了民族民间歌舞传承示范点；2013 年成立了巍山青云打歌艺术团；2016 年青云彝族传统文化生态保护区保护规划批准实施；2018 年大理文化生态保护实验区彝族打歌传习中心在青云落户。郭建荣等传承人先后到北京舞蹈学院、云南艺术学院、大理大学、巍山县职业中学、马鞍山中学等学校教授打歌，并把青云小学、青云幼儿园作为传承打歌基地，利用课外活动进行打歌传授。至今，以彝族打歌为特色的青云非物质文化遗产受到良好的保护与活化传承。

附件1 2020云南文化和旅游规划设计优秀成果评选获奖名单

	项目名称	编制单位	主要编制人员
一等奖	维西县永春乡乡村旅游扶贫规划	云南省设计院集团有限公司	胡志杰、施 炫、崔金丽、王晓雯、肖家魏、贺 宇、蔺思倍、李天兴、和 宇、孙 波
	石屏"湖城一体"文化旅游区总体规划	云南方城规划设计有限公司	吴 翔、李雪雯、陈杰琴、陈杰雯、李进琼、钱 骄、李 阳、郑建文、庄友辅、张天宇
	丽江市吉北科旅游策划及概念性规划	上海奇创旅游集团有限公司	马 磊、邢小丽、张以骋、姜 柯、俎军伟、刘宇楠、何泽荣、程 华、赵玉华
二等奖	石林大叠水景区概念规划	昆明人龙旅游规划设计有限公司	李云龙、李玉苹、杨树美、蔡 彬、王银伟、杨 宇、董乔和、李 茜、杜振强
	云南省深度贫困地区迪庆州德钦县大村村村委会大村村旅游扶贫专项规划	昆明市规划设计研究院	李旺胜、杨家本、庄晓平、申峻霞、梁君荣、陈 文、王 晟、周 昕、李俊根、谢小军
	西双版纳世界旅游名城发展总体规划	北京大地风景旅游景观规划设计有限公司	王茂霖、李 杰、黄晓辉、吴朝阳、张孟华、周广浩、彭 丹、李博、朱丽映、程 龙
	大滇西旅游环线剑川策划方案	中国电建集团昆明勘测设计研究院有限公司	韩 兵、刘文琨、熊 帼、宋晗瑜、唐 川、李 松、景献璋、嵇泽军、李 豹、孙本川
	云南省弥勒市太平湖森林木屋酒店、5S房车营地总体规划	云南吉成园林设计有限公司	张 勇、田 媛、王聪进、吕海波、吴秋梅、朱 颉、胡江龙
	元谋县全域旅游发展规划（2018—2025）	昆明科瑞商务信息咨询有限公司	罗明义、仇学琴、朱晓辉、毛剑梅、罗冬晖、韩建磊、田 瑾、沈立超、苟俊东、岳婷婷
三等奖	昭通市威信县扎西红色小镇规划总体规划和核心区修建性详细规划	云南方城规划设计有限公司	孙 平、伍贤慧、林 雷、谢 军、吴 颖、阮正欣、孙美静、黄小溪、包广静、吴 翔
	云南省深度贫困地区迪庆州德钦县云岭乡西当村旅游扶贫规划	昆明市规划设计研究院	陈 文、简海云、王 晟、周 昕、王 治、张学英、庄晓平、李俊根、谢小军、张奇斌
	石林县上蒲草村阿诗玛民族文化农庄建设规划	云南省城乡规划设计研究院	任 洁、程 炼、徐方妮、覃 伟、潘宇清、黄 辉、黄雅若、程静、刘春霞、张 睿
	金顶镇大龙村委会梅树坪旅游扶贫示范村建设项目	昆明理工泛亚设计集团有限公司	苏振宇、杨 斐、韦 航、周建明、邓家宝、李 娴、何 奇、赵震涛、周 杨、廖建超
	巍山县马鞍山乡青云彝族传统文化生态保护区保护规划	大理白族自治州城乡规划设计研究院	杨元君、李荣春、王光华
	丽江玉龙雪山旅游景区提升运营策划	昆明艺嘉旅游规划设计有限公司	王崇亮、王雪波、刘 斌、张有发、李昊鹏、陈 隆、张晓征、杨谊杰、赵秋凤、资嫣卿
	腾冲市旅游产业发展布局规划（2019—2030）	云南汇智设计集团有限公司	沈金聪、王定周、张玉杰、段志中、周 媛、杨永素、王正明、张泰坤、段东俊、黄成实
	滇越铁路旅游策划及招商引资方案编制项目	云南省文化产业研究会	李 炎、胡洪斌、王 佳、于良楠、何继想、李雪韵、任潇湘、葛绪锋、王婧琦、管 悦

	项目名称	编制单位	主要编制人员
三等奖	康藤·甲寅石头寨自驾车帐篷营地修建性详细规划	云南营地景观设计有限公司	李一帆、董秋耘、甘 果、李佳怀、兰 宁
	双江千亩藕渔观光示范园概念规划及近期实施方案	昆明市规划设计研究院	王 军、后晓红、宋雁航、郑琳琳、陈东君、倪容川、马 珂、杨 艳、杨 谨、田 芸
	德宏芒市勐焕银塔景区修建性详细规划	云南释照建筑规划设计有限公司	韩 寿、王新志、朱 辉、董书局、唐继理、樊 彪、姚云波、刘智慧、杨 春、罗其祥
	西双版纳野象谷景区修建性详细规划	昆明人龙旅游规划设计有限公司	李云龙、高 鹏、王顺军、唐 虓、杨 超、李正安、张智伟、李树晴、王 涛、丁小丽
	大理市旅游总体规划（2020—2035）	云南省设计院集团有限公司	苏 涵、师子乾、张云柯、陈 鹏、李德强、宋雪丽、张 熙、李 巍、顾 曦、王春芳
	弥渡古旧建筑资源调查与保护活化研究（弥渡古旧建筑保护研究规划）	北京清水爱派建筑设计股份有限公司	白成瑾、贾 珺、葛 楠、陈硕浩、戴天姣、郭常月
	橄榄坝傣族水乡特色小镇修建性详细规划	昆明人龙旅游规划设计有限公司	李云龙、邓小洪、高 鹏、李玉苹、李海丰、杨树美、李碧玉、董乔和、杨 宇、蔡 彬
	丽江古城特色城镇发展总体规划	云南省城乡规划设计研究院	任 洁、程 炼、陈庆华、潘宇清、沈玲屹、黄皓伦、黄辉、李杨洋、李晓云、程 静
	香格里拉尼西乡幸福花谷乡村旅游总体规划	昆明艺嘉旅游规划设计有限公司	王崇亮、王雪波、张有发、杨德钦、张禹玲、马 尘、高启然、资嫄卿、张 皓、王云龙
	开远市全域旅游发展总体规划（2019—2025）	北京博雅方略旅游景观规划设计院有限责任公司	窦文章、梁建军、吕洪梅、沈 永、杨小华、潘银琪、顾成圆、赵梦露、谢玉林、刘璐丝
	弥勒云·艺术酒店修建性详细规划	云南怡成建筑设计有限公司	何 辉、尤 磊、蔡大任、何世茂、赵 磊、黄 宇、尚 影、付美江、任 倩
优秀奖	梅里雪山景区规划研究暨建议方案	云南城市建设项目管理咨询有限公司	芦 静、吕 彪、张 燕、江 帆、曲 原、代有富、李凯东、艾光辉、谢林平、李 朦
	官渡古镇文化旅游小镇核心区修建性详细规划	昆明市规划设计研究院	陈 文、周 昕、赵 力、廖昌启、瞿巾苑、敖雨杉、孙春媛、周 治、单 寻、阚 吉
	大理古城旅游度假区总体规划	云南省设计院集团有限公司	苏 涵、朱德宝、师子乾、陈 皓、罗云姣、钟钰婷、杨 丹、张云柯、阳璟玥、许寒冰、李童曦
	普洱市思茅区乡村振兴旅游发展总体规划	云南井邑城乡规划设计有限公司	李晖、曹光玉、杨阳、吴常朋、张海宏
	维西全域旅游发展规划	昆明艺嘉旅游规划设计有限公司	王崇亮、王雪波、张有发、杨德钦、张禹玲、张 皓、资嫄卿、马 尘、高启然、李 珍
	玉溪龙马山山地旅游景区提升专项规划	昆明景禾建筑规划设计有限公司	车震宇、刘姝萍、朱 仙、杨红波、刘娇娣、黄成敏、田潇然、刘春明、刘雅树

附件 2 规划设计单位简介

云南省旅游规划研究院

云南省旅游规划研究院暨中国旅游研究院昆明分院，为全国旅游规划甲级资质单位，以"促进云南省旅游产业发展和国际、国内交流的政府智囊、业界智库、学术高地、交流平台"为建院宗旨，主要开展旅游业基础理论、政策和应用研究，负责旅游综合规划与专项规划编制，开展国际、国内旅游学术交流，承担云南省旅游研究学术委员会、云南省旅游智库联合体工作。

大理白族自治州城乡规划设计研究院

大理白族自治州城乡规划设计研究院始于 1984 年大理州城乡建设环境保护局成立的"大理州规划设计室"，现为大理州属国有企业，拥有城乡规划编制（乙级）、风景园林工程专项设计（乙级）、旅游规划设计（丙级）、建筑工程设计（乙级）等资质证书。自成立以来，坚持"与时俱进，科技创新，立足大理，服务滇西"的理念开展业务工作。

昆明理工泛亚设计集团

昆明理工泛亚设计集团（KFD）是一家综合性研创甲级设计机构。KFD 联合校企的学术、技术资源优势为两大支点，跨界融通产、学、研、运、投五大核心板块，产链整合建筑、规划、市政、勘察、室内、景观、咨审、经济、项目管理、智慧产业等十余个专业学科，秉持"共谋、共建、共创、共融、共享、共赢"的理念，为工程建设行业提供全程、全链、全周期的技术综合效能支持。

昆明人龙旅游规划设计有限公司

昆明人龙旅游规划设计有限公司主要从事文旅项目、旅游景区、特色小镇、康养旅游、精品民宿、乡村旅游的规划、设计和建设。成立 30 年来，本着"没有我们不能做的，没有我们做不好的"的精神，在全国各地先后完成了 1000 多个项目，并逐步创造性地探索出"规划、设计、建设一体化"的新型发展模式。

昆明市规划设计研究院

昆明市规划设计研究院成立于 1985 年，是国内首批甲级规划资质综合设计单位之一。2003 年成功转企，成为中国城市规划设计行业中第一家国有企业。历经 30 余年辛勤耕耘，现已形成下设滇中新区分院、滇南分院、市政分院、景观分院以及多个工作室，包含城市规划、城市设计、建筑设计、市政规划和工程设计、景观规划和工程设计、旅游规划、建筑设计、城市数据信息研究、工程咨询等多专业业务"国有科技型"企业。

昆明艺嘉旅游规划设计有限公司

昆明艺嘉旅游规划设计有限公司是云南省旅游规划设计协会会长单位和云南省首批国家旅游规划设计甲级资质单位，成立于 2004 年，公司旗下拥有旅游策划、规划、城乡规划、多媒体、环境艺术、景区投资开发与运营管理等公司，目前已完成云南、贵州、西藏、重庆、湖南、湖北等地 800 余个策划、规划项目。

上海奇创旅游集团有限公司

上海奇创旅游集团有限公司是中国领先的旅游规划设计整体运营服务商，深耕文旅产业发展 17 年，荣获最佳文旅规划机构、最佳全域旅游规划、文创 IP 创新服务商等荣誉。累计完成全国各地文旅项目两千多个，为政府、开发商、景区提供文旅发展战略咨询、旅游规划设计咨询、文旅项目落地运营等服务，为目的地及文旅项目转型升级注入持续竞争力。

云南方城规划设计有限公司

云南方城规划设计有限公司成立于 1993 年，是云南省最早一批获得国家城市规划乙级资质的规划单位，公司资质还包括旅游规划乙级资质、园林绿化设计乙级资质等。公司完成的项目多次获得住建部门、省住建厅的优秀规划设计奖，在社会上具有良好的信誉和知名度。

云南吉成园林设计有限公司

云南吉成园林设计有限公司成立于 2015 年，隶属于"中国生态园林百强企业"——云南吉成园林科技股份有限公司。公司由一支青年菁英景观设计师团队组成，目前拥有国家建筑行业（建筑工程）、市政行业（道路工程）、风景园林专项三个乙级设计资质及城乡规划丙级资质。是一家以园林景观、生态修复为主，集建筑设计、市政设计、项目策划、城市规划、室内外装饰艺术设计为一体的综合性设计单位。

云南省城乡规划设计院

云南省城乡规划设计院（以下简称 CPP）成立于 1984 年，是一家在规划界享有声誉的大型省级规划设计院。CPP 现已发展成为拥有七个综合设计机构、六个研究所、三个专业（规划、水电）组合、一个中心、若干个人工作室的生产组织构架。其中城市规划勘察机构获得了全国"五一劳动奖章"。

云南省设计院集团有限公司

云南省设计院集团有限公司创建于 1951 年，是国内最早成立的承担民用与工业项目建设的大型综合性勘察设计院之一，是云南省勘察设计行业龙头骨干企业，云南省国资委直接监管的省属国有企业。

云南省文化产业研究会

云南省文化产业研究会于 2014 年 4 月经云南省委宣传部批准，由云南省社科联作为业务主管单位，在云南省民政厅注册成立的社会团体。研究会主要围绕文化和旅游理论研究、文化旅游资源普查和集成、文化旅游发展战略咨询服务，先后承接完成 30 多项省内外地方文化旅游发展规划、文化旅游项目策划。

云南释照建筑规划设计有限公司

云南释照建筑规划设计有限公司于 2017 年 5 月注册成立，已取得十项设计、施工资质。公司挖掘整理传统优秀文化、民族文化、宗教文化，致力于将文化融入建筑与景观，以空间规划、旅游规划、传统建筑设计、宗教建筑设计、民族特色建筑设计、绿化景观设计、EPC 项目建设为核心业务，以公路、市政、咨询、装饰设计为辅助业务，现已发展为一家设计施工一体化的综合性服务提供商。

云南怡成建筑设计有限公司

云南怡成建筑设计有限公司成立于 1997 年，是云南省以及西南地区知名的民营甲级建筑设计企业，拥有建筑行业（建筑工程）甲级资质，市政行业（道路工程、环境卫生工程）专业乙级资质和市政设计二类（道路、环境卫生）施工图审查资质。经过多年的经营和发展，形成了专业齐全、技术雄厚和梯队健康的综合设计机构，并在云南的城市建设中取得了显著的成绩。

云南营地景观设计有限公司

云南营地景观设计有限公司创建于 2014 年，由云南康藤旅游发展有限公司设计部门发展而来，主要从事园林景观设计与施工；国内贸易、物资供销；体育器械的安装等工作。自康藤创立伊始，参与了康藤所有帐篷营地项目的打造，包括康藤·格拉丹帐篷营地、康藤·红河谷帐篷营地、康藤·南方丝绸古道帐篷营地（高黎贡）等，为每个项目都注入了创意元素与独特品位。

中国电建集团昆明勘测设计研究院有限公司

中国电建集团昆明勘测设计研究院有限公司成立于 1957 年，是中国最早成立的勘测设计院之一，为国家大型综合性甲级勘测设计研究单位，是国家高新技术企业、中国勘察设计综合实力百强单位。业务覆盖能源、水利、城建、市政、交通、环保等全基础设施领域，涵盖城市规划、勘察、设计、咨询、总承包、投融资、建设运营、技术服务等全产业链。

北京大地风景旅游景观规划设计有限公司

北京大地风景旅游景观规划设计有限公司是中国领先的旅游目的地全产业链研发和服务机构，具备旅游规划甲级资质，及城乡规划、土地规划等完备资质，涵盖咨询、投资、管理、运营四大业务板块。

项目策划：段向民
责任编辑：段向民 武洋
责任印刷：孙颖慧
封面设计：李智

图书在版编目（CIP）数据

2020云南文化和旅游规划设计优秀成果集 / 云南省旅游规划设计协会，云南省旅游规划研究院编. -- 北京 : 中国旅游出版社，2021.11

ISBN 978-7-5032-6840-3

Ⅰ. ①2… Ⅱ. ①云… ②云… Ⅲ. ①旅游规划－研究成果－汇编－云南－2020 Ⅳ. ①F592.774

中国版本图书馆CIP数据核字（2021）第212956号

书　　名：2020云南文化和旅游规划设计优秀成果集

作　　者：云南省旅游规划设计协会
　　　　　云南省旅游规划研究院 编
出版发行：中国旅游出版社
　　　　　（北京静安东里6号　邮编：100028）
　　　　　http://www.cttp.net.cn E-mail:cttp@mct.gov.cn
　　　　　营销中心电话：010-57377108，010-57377109
　　　　　读者服务部电话：010-57377151
排　　版：云南悦风广告有限公司
经　　销：全国各地新华书店
印　　刷：北京工商事务印刷有限公司
版　　次：2021年11月第1版　2021年11月第1次印刷
开　　本：889毫米×1194毫米　1/16
印　　张：8.5
字　　数：79千
定　　价：49.80元
ISBN 978-7-5032-6840-3